Heinrich Gasteiger

Gerhard Wieser

Helmut Bachmann

33X Strudel

ATHESIA VERLAG

LIEBE LESERIN, LIEBER LESER!

Wir freuen uns, dass Sie sich für ein Buch der »So genießt Südtirol«-Kochbuchreihe entschieden haben. Um in Zukunft noch besser auf Ihre Wünsche eingehen zu können, ist uns Ihre Meinung wichtig. Bitte senden Sie uns Ihre Anregungen, Ihre Kritik, Ihr Lob und auch Ihre Fragen zu unseren Büchern. Wir freuen uns auf Ihre Nachricht!
info@so-kocht-suedtirol.it · www.so-kocht-suedtirol.it · Fax +39 0471 08 10 79

 www.facebook.com/sokochtsuedtirol

BIBLIOGRAFISCHE INFORMATION DER DEUTSCHEN NATIONALBIBLIOTHEK

Die Deutsche Nationalbibliothek verzeichnet diese Publikation in der Deutschen Nationalbibliografie; detaillierte bibliografische Daten sind im Internet abrufbar: http://dnb.d-nb.de

URHEBERRECHTE

UMSCHLAGBILDER

Titelbild: Wiener Apfelstrudel · Rückseite: Johannisbeer-Topfenstrudel, Peperoni-Melanzanestrudel

BILDNACHWEIS

Stefano Hochkofler: Seite 10 (Grafiken)
Daniela Kofler: Seite 8 Mitte, 10, 33, 43, 61
Uli Kohl: Titelbild
Josef Pernter: Seite 6, 49, 63, 77
Günther Pichler, Eggen, www.gpichler.com: Seite 3, 5, 11 unten, 17, 21, 23, 25, 27,
    29, 31, 35, 39, 41, 45, 51, 53, 55, 57, 59, 67, 69, 71, 73, 75
Alle übrigen Aufnahmen stammen von Simone Zöggeler, www.dariz.com

IMPRESSUM
2018 · Vierte Auflage
Alle Rechte vorbehalten
© by Athesia Buch GmbH, Bozen (2009)
Lektorat: Klaus Innerhofer und Helga Taschler
Umschlaggestaltung: ganeshGraphics, Lana
Design & Layout: Athesia-Tappeiner Verlag
Druck: Athesia Druck, Bozen

ISBN 978-88-8266-534-0

www.athesia-tappeiner.com
buchverlag@athesia.it

Einfach QR-Code scannen und auf unserer Internetseite informieren.

Ein Gruß aus unserer Genießerküche

Der Strudel – Liebling unter den Süßspeisen

Der Strudel ist aus der Südtiroler Küche nicht mehr wegzudenken. Unser Apfelstrudel beispielsweise ist sogar weit über Südtirol hinaus bekannt und berühmt. Köstlichkeiten wie *Apfelstrudel*, *Marillenstrudel*, *Topfenstrudel* und *Mohnstrudel* lassen die Herzen aller Liebhaber der süßen Küche höher schlagen. Aber es gibt auch pikante Strudel – alle können sowohl warm als auch kalt serviert werden. Der Phantasie und Kreativität beim Erfinden fruchtiger und raffinierter Strudelfüllungen sind keine Grenzen gesetzt, wie Sie in diesem Buch sehen werden und wie die Dessertkarten der diversen Restaurants und Gasthöfe zeigen.

Kochen und Backen sind eine Kunst, die jeder lernen kann. Und da man ja bekanntlich im Leben nie genug wissen kann – und beim Kochen ohnehin nicht –, möchten wir Ihnen noch mehr Geheimnisse aus der Küchenpraxis verraten. Wie von unseren Kochbüchern gewohnt, wurden alle Rezepte getestet und gelingen daher garantiert.

Jetzt wünschen wir Ihnen viel Freude mit der neuen Kochbuchreihe. Aus unserer langjährigen Erfahrung wissen wir, was vielen versierten, aber auch weniger geübten Hobbyköchen an Fragen buchstäblich auf der Zunge liegt. Wir sind überzeugt, dass dieses Buch Ihren Wissenshunger stillen und Antworten auf die allermeisten Fragen geben wird.

Viel Spaß beim Ausprobieren und guten Appetit wünschen die Autoren

Helmut Bachmann   Heinrich Gasteiger   Gerhard Wieser

Inhalt

Süße und pikante Köstlichkeiten

Der bekannteste Strudel ist wohl der **Apfelstrudel.** Er ist eine traditionelle österreichische Süßspeise, die ursprünglich vor allem in Wien zu finden war, heute aber international bekannt ist.
Der Apfelstrudel wird gefüllt mit einer Mischung aus zerkleinerten Äpfeln, Gewürzen und Aromen und zerkleinerten Nüssen. Die Kunst der Zubereitung besteht beim Wiener Apfelstrudel vor allem im Ausrollen bzw. Ausziehen des Strudelteiges. Dieser sollte so dünn sein, dass man eine daruntergelegte Zeitung lesen kann.
Der Strudel sollte frisch, am besten noch warm serviert werden, meist mit Staubzucker bestreut. Oft wird er mit Vanillesauce, Zimtsauce, Vanilleeis oder auch nur mit geschlagener Sahne serviert.

Obwohl der Strudel im ganzen süddeutschen Raum beheimatet ist, wird er nirgendwo so dünn ausgezogen und so knusprig und saftig gebacken wie in der österreichischen bzw. Südtiroler Küche.

Strudelteige
Nicht nur die Strudelfüllung, auch die Hülle, der Strudelteig, lässt viele Variationen zu. **Mürbteig,** ausgezogener Strudelteig, also **Ziehteig, Blätterteig** und **Hefeteig** sind die gängigsten Teigarten, wobei die einen sehr einfach, die anderen etwas zeitaufwändiger in der Zubereitung sind.

Blätterteig
Der Blätterteig besteht immer aus zwei Teigen, einem Wasserteig und einem

Butterteig. Die beiden Teige werden eingeschlagen und ausgerollt, dann wieder zusammengefaltet; diesen Vorgang nennt man Tourenlegen. Wir kennen den deutschen (Wasserteig außen, Fett innen), den französischen (Fett außen, Wasserteig innen) und den holländischen oder Blitzblätterteig (Fett als Würfel im Teig).
VERWENDUNG: für Strudel, weiters für Blätterteigkissen, -schnitten, -pastetchen, Torten und Garnituren.
Was ist Blätterteig? Der Blätterteig ist eine Abwandlung des Butterteiges, wobei die Zutaten bis auf die Butter gleich bleiben. Statt Butter werden Ziehmargarine oder andere Fettsorten verwendet. Ziehmargarine ist eine speziell für Blätterteig und Plunderteig hergestellte Mischung, der man kein Mehl mehr beimengen muss.

Hefeteig

Hefeteig besteht aus drei Grundzutaten: Hefe, Mehl und Flüssigkeit. Die Flüssigkeit, meist Milch, ist notwendig, um den Kleber im Mehl aufquellen zu lassen. Hefe ist unentbehrlich als Lockerungsmittel.

Zwischen zwei Klarsichtfolien lässt sich der Teig leichter ausrollen.

Die Menge der Flüssigkeit bestimmt die Art des Teiges: weicher, mittelfester oder fester Hefeteig.
ACHTUNG: Bei der Herstellung von Hefeteigen ist besonders auf die Temperatur zu achten, denn zu heiße Zutaten bedeuten, dass die Hefezellen absterben, zu kalte bedeuten, dass die Hefezellen nicht arbeiten und der Teig nicht aufgeht. Die Hefe soll frisch sein und von angenehmem Geruch. Weiters sollte man die Hefe nie direkt salzen.
VERWENDUNG: für Mohn-, Topfen-, Nussstrudel usw.

Ziehteig oder Strudelteig

Der sehr einfache Teig wird aus Mehl, Wasser, Essig, Ei und etwas Öl hergestellt. Wichtig ist, dass dieser Teig weich ist, gut geknetet wurde und anschließend an einem warmen Ort ruhen kann, denn nur dann lässt er sich hauchdünn ausziehen.
▸ Rollen Sie den Teig mit dem Nudelroller möglichst gleichmäßig aus und legen Sie ihn dann auf ein ausreichend mit Mehl bestaubtes Tuch. FORTSETZUNG SEITE 8

Pannenhilfe von A bis Z

Wenn Strudelteige nicht optimal verarbeitet oder verwendet werden, gibt es Möglichkeiten, den Misserfolg zu verhindern. Doch nichts geht über die vielen kleinen Tricks und Kniffe, die sich Hausfrauen und -männer in vielen Jahren Praxis angeeignet haben.

Blätterteig	
Blätterteig wird nicht luftig und blättrig	Das kann passieren, wenn Sie ihn aus der Tiefkühltruhe direkt in die Mikrowelle zum Auftauen geben.
Blätterteigreste aufbrauchen	Blätterteigreste gehen noch einigermaßen blättrig auf, wenn man sie nicht zusammenknetet, sondern übereinanderlegt und dann wieder ausrollt.
Blätterteig richtig backen	Stellen Sie den Umluftbackofen auf 200 Grad ein, den normalen Backofen mit Ober- und Unterhitze auf 220 Grad, den Backofen auf Stufe 3 bis 4. Das Backgut auf die 2. Einschubleiste geben und dann backen.
Blätterteig geht besser auf	wenn man beim Backen ein hitzebeständiges Gefäß mit Wasser in den Backofen stellt. Der Wasserdampf sorgt dafür, dass das Gebäck locker und luftig aufgeht.
Mürbteig	
Mürbteig klebt auf der Arbeitsfläche	Arbeitsfläche mit Mehl bestauben oder den Teig wie auf dem Foto links zwischen zwei Lagen Klarsichtfolie ausrollen.
Mürbteig ist krümelig	Ein wenig kaltes Wasser unterkneten oder den Teig mit leicht angefeuchteten Händen zügig durchkneten, das macht ihn geschmeidig.
Mürbteig lässt sich einfrieren	Am besten portionsweise flach in einen Gefrierbeutel geben, da er so schneller einfriert und auch schneller wieder auftaut.
Mürbteig verliert seine Bindung	Sie haben den Teig vermutlich zu lange warm bearbeitet.
Hefeteig	
Hefeteig fällt beim Backen zusammen	Das kann passieren, wenn der Teig vor dem Backen zu lange aufgegangen ist. Er muss möglichst rasch, nachdem sich sein Volumen verdoppelt hat, weiterverarbeitet werden.
Strudelteig/Ziehteig	
Strudelteig reißt beim Ziehen	Der Teig war vermutlich zu fest oder hat zu wenig lange gerastet. Legen Sie beim Teigziehen fallweise kurze Pausen ein, decken Sie den Teig zu und lassen Sie ihn vor dem Weiterziehen etwas ruhen.
Topfenteig/Quarkteig	
Topfenteig wird knusprig und blättrig	Den Topfenteig können Sie auch nach der Herstellung ausrollen und zusammenfalten wie den Blätterteig (zwei einfache Touren, siehe Seite 22). Dann wird er noch knuspriger und blättert leicht.

Der Ziehteig wird möglichst dünn ausgezogen, damit die fruchtige Apfelfüllung voll zur Geltung kommt.	Beim etwas aufwändig produzierten Blätterteig gilt: Je mehr Schichten er hat, desto knuspriger wird der Strudel.	Der Mürbteig schließlich ist die klassische Zubereitungsform. Er verleiht dem Apfelstrudel einen feinen, vollen Geschmack.

▸ Greifen Sie mit beiden Händen zwischen Teig und Tuch. Achten Sie darauf, dass die Handrücken nach oben zeigen und gekrümmt sind.

▸ Sobald der Teig direkt auf Ihren beiden Handrücken liegt, brauchen Sie nur Ihre Hände in gleichmäßigem Rhythmus hin und her zu bewegen. Der Teig ist elastisch genug, so dass er sich diesen Bewegungen anpasst und gleichmäßig dünner wird, ohne dabei zu zerreißen.

▸ Sobald der Teig dünn ist, müssen alle dicken Ränder abgeschnitten werden.

▸ Bewegen Sie den Teig nach dem Auftragen der Füllung nur noch mithilfe des darunterliegenden Tuchs. Sie brauchen es nur rechts und links straff anzuziehen und dabei langsam anzuheben. So wird der Strudel vorsichtig aufgerollt.

VERWENDUNG: für süße Strudel wie Apfel-, Birnen- und Kirschstrudel, weiters für Gemüse- und Pilzstrudel, Strudelblätter usw.

Mürbteig

Mürbteig ist ein fettreicher Teig, der bevorzugt für flaches Gebäck verwendet wird. Man kann ihn süß oder salzig zubereiten. Sehr feine Teige werden auch gerührte Mürbteige genannt. Die drei Grundzutaten Mehl, Zucker und Fett (meist Butter) bestimmen die Qualität und die Beschaffenheit des Teiges.

Süße Teige: Mürbteig (1 Teil Zucker, 2 Teile Butter und 3 Teile Mehl).

VERWENDUNG: für Apfel-, Erdbeer-Rhabarber-, Topfen-, Marillenstrudel usw.

Topfenteig

Topfenteig ist ein fettarmer Teig, der bevorzugt für flaches Gebäck verwendet wird. Man kann ihn süß oder salzig zubereiten. Topfenteige lassen sich auch sehr gut mit Vollkornmehl zubereiten.

VERWENDUNG: z. B. für Kürbis-, Rhabarber-, Ricotta- und Marillenstrudel.

Strudelfüllungen

Die bekannteste Füllung ist wohl die des Apfelstrudels. Sie besteht aus zerkleinerten Äpfeln, gerösteten Brotbröseln, Rosinen, Pinoli, Zimt, Zucker, fein geriebener Zitronenschale und Rum.

Der Südtiroler Apfel

Äpfel zählen zu den ältesten kultivierten Obstsorten. Mit ihrem hohen Gehalt an Vitaminen, Mineralstoffen, Fruchtsäuren, Pektin und Kohlenhydraten sind sie ein wertvoller Bestandteil unserer Ernährung. Je nach Reifezeit unterscheidet man zwischen Sommer-, Herbst- und Wintersorten. Einige davon eignen sich sehr gut zum Einlagern. Man sollte Äpfel aber nur dann länger lagern, wenn sie nicht vollreif geerntet wurden. Auch der Hauskeller eignet sich, wenn dieser kühl und nicht zu trocken ist.

Welcher Apfel für den Apfelstrudel? Welcher Apfel für einen Strudel der beste sei, darüber konnten sich die Strudelspezialisten noch nicht einigen. Tatsache ist aber, dass kräftig schmeckende Sorten wie Royal Gala, Golden Delicious, Breaburn, Idared, Elstar, Boskop und Gravensteiner sich hervorragend eignen.

Süße Füllungen

▸ Topfenfüllung mit Marillen, Haselnussmasse mit Kirschen oder Trauben, Mascarpone mit Rhabarber, Birnen und Ingwer, Johannisbeeren und Ricotta, um einige Kombinationen zu nennen.

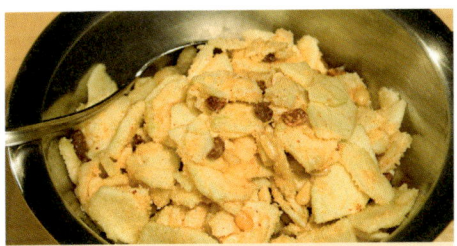

Apfelstrudelfüllung

Pikante Füllungen

▸ Der Strudel ist nicht nur ein wesentlicher Bestandteil der Mehlspeisenküche. Immer größerer Beliebtheit erfreut er sich mittlerweile mit pikanter und deftiger Füllung wie Gemüse-, Kürbis-, Kartoffel- oder Krautfüllung, ob nun als Vorspeise, Beilage oder auch als Hauptspeise.

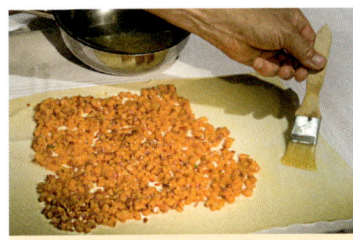

Pikante Kürbisfüllung

▸ Füllungen mit Fischfarce und Lachstranche, mit Meeresfrüchten, Lammrückenfilet und Artischocken oder das berühmte Rindsfilet mit Pilzen sind mittlerweile klassische Füllungen von Strudeln.

Begleitsaucen für Strudel

Viele Strudel werden mit einer süßen, fruchtigen oder cremigen, aber auch würzig-pikanten Sauce erst so richtig abgerundet. Vor allem kann man mit einer solch feinen Ergänzung den Strudel unzählig variieren und auch optisch wirkungsvoll aufwerten.

Fruchtsaucen

Saucen als Begleiter von Süßspeisen sind in vielen Fällen das Tüpfelchen auf dem i. Sie runden den Geschmack eines Strudels harmonisch ab. Früchte entfalten erst in voller Reife das intensivste Aroma, weshalb dann der Zuckerzusatz sehr gering gehalten werden sollte. Geschmackliche Verfeinerungen können durch wohldosierte Zusätze von Spirituosen, vor allem Likören, und Gewürzen erzielt werden.

Fruchtsaucen aus rohen Beeren: Die Beeren (Himbeeren, Erdbeeren, Johannisbeeren usw.) werden mit Staubzucker im Mixer püriert. Binden kann man sie mit Glukose. Die Beeren verlieren beim Aufkochen etwas an Farbe und an Aroma.

Fruchtsaucen aus pochiertem Steinobst: Marillen, Pfirsiche usw. werden in heißem Läuterzucker pochiert und nach dem Erkalten püriert. Diese Saucen können mit Likören (Orangenlikör, Rum usw.) parfümiert werden.

Fruchtmark dekorativ anrichten: Zuerst die eine Sorte Fruchtmark oder Sauce auf einen Teller setzen, in oder um diesen Fleck die zweite Sauce gießen. Mit einem Stäbchen oder Spieß kann man nun hübsche Muster ziehen.

Cremesaucen

Sie werden mit den gleichen Zutaten wie die Cremen (z.B. Vanille-, Schokoladencreme) zubereitet und können durch Verdünnen mit Milch und Sahne von den Cremen abgeleitet werden.

Vanillesauce besteht aus Milch, Eigelb, Zucker, Vanille, Speisestärke und Sahne und

Traubenstrudel mit Weinschaum

kann kalt oder warm serviert werden. Sie ist die klassische Begleiterin zum Südtiroler Apfelstrudel, zu Buchteln, Apfelkiechl und anderen Süßspeisen.

Weinschaumsaucen sind international verbreitet und werden in den einzelnen Ländern unterschiedlich hergestellt. Weißwein wird mit Eigelb, Zucker und Geschmacksträgern wie Vanillezucker, Zimt usw. über Wasserdampf aufgeschlagen, bis eine luftige, cremige Masse entsteht. In Österreich wird sie *Wein-Chaudeau*, von französisch »Warmwasser«, genannt. In Italien ist es die bekannte *Zabaione* – meist mit Marsala zubereitet. In Frankreich heißt sie *Sabayon* und wird mit Weißwein oder Champagner zubereitet.

Schokoladensauce besteht aus Wasser, Kakao, Zucker, Butter und Sahne. Sie ist schnell und einfach zubereitet und effektvoller Blickfang auf vielen Süßspeisen. Sie passt z.B. zum Birnenstrudel, Topfenstrudel, zu Windbeuteln und Profiteroles.

Saucen zu pikanten Strudeln

Tomatensaucen: Das A und O für eine geschmacksintensive Tomatensauce, in Italien Sugo genannt, sind am Strauch gereifte, aromatische Tomaten. Nur sie bringen die erwünschte fruchtig-süße Note. Am

Fruchtmark dekorativ anrichten

besten eignen sich längliche Eiertomaten (San Marzano).

Außerhalb der Sommermonate empfiehlt es sich, auf italienische Dosentomaten zurückzugreifen, die sogenannten Pelati.

Kräuter- und Sahnesaucen: Zu manchen Strudeln passt hervorragend eine Kresse-, Schnittlauch-, Kerbel- oder Käsesauce.

Pesto nach Genueser Art: Das eigentliche Geheimnis eines guten Pesto ist die Qualität des Olivenöls und des Basilikums. Pesto wir nicht erhitzt oder mitgekocht, sondern nur dazuserviert.

Es gibt auch noch andere Arten von Pesto, wie z. B. Tomaten-, Bärlauch-, Kerbel-, Oliven- und Kapernpesto.

Welcher Wein zum Strudel?

Die richtige Frage muss lauten: Welcher Wein passt zu welchem Strudel? Da der Strudelteig ja genau genommen nicht viel mehr als die Hülle für sein köstliches Innenleben bildet, kommt es bei der Kombination mit Wein auf die Füllung an.

Zu einem Apfelstrudel etwa passt ausgezeichnet ein Glas kalte Milch oder ein Kaffee. Wenn es aber denn Wein sein muss, empfiehlt sich hier ein edelsüßer Wein, eine Beerenauslese oder Trockenbeerenauslese, ein Eiswein oder ein Strohwein (Passito). Auch für alle anderen süßen Strudel (z. B. Topfenstrudel) sind Dessertweine gut geeignet – ob der Passito, dessen Trauben nach der Lese auf Strohmatten getrocknet werden, sodass ihr Zuckergehalt steigt, oder die Beerenauslesen, natursüße Weine aus überreifen, edelfaulen Beeren,

die traditionell einzeln mit der Schere aus den Trauben geschnitten werden.

Hinsichtlich der salzigen oder pikanten Strudel passt jener Wein, der auch zur Füllung allein passen würde. Sie können z. B. zu einem Strudel gefüllt mit Lammrückenfilet ohne weiteres einen **St. Magdalener** oder einen **Blauburgunder** aus Südtirol trinken, einen **Pinot Noir** aus Burgund oder einen **Nebbiolo** (Barbera, Barbaresco, Barolo) aus dem Piemont. Letztere lassen sich auch gut zum Strudel gefüllt mit Rindsfilet und Pilzen kredenzen, ebenso ein **Südtiroler Lagrein**, ein **Sangiovese** (u. a. Chianti, Rosso und Brunello di Montalcino) und ein **Merlot, Cabernet** oder eine **Cuvée** aus den beiden. Auch bei Strudeln mit Fischfarce oder Meeresfrüchten haben Sie bei den trockenen Weißweinen buchstäblich die Qual der Wahl. Grundsätzlich gilt: Die Fülle des Weines muss der Fülle des Gerichts angepasst werden, also je kräftiger die Speise, desto gehaltvoller der Wein.

Edelsüße Weine und dunkle Biersorten harmonieren sehr gut mit süßen Strudeln.

Gebackener Graukäsestrudel

Roggenstrudelteig

125 g	Roggenmehl
125 g	Mehl
1 Prise	Salz
150 ml	lauwarme Milch

Graukäsefüllung

150 g	gekochte Kartoffeln
350 g	Graukäse
50 g	Butter
3 EL	Schnittlauch
	Salz
	Pfeffer aus der Mühle

Rahmschaumsauce

1	Schalotte, fein geschnitten
1 TL	Butter
20 ml	Weißwein
50 ml	Sahne
	Salz
	Pfeffer aus der Mühle

Weiteres

	Milch zum Bestreichen des Teiges
	Backfett
150 g	gedünstete Lauchstreifen
	Schnittlauch zum Garnieren

Roggenstrudelteig

▸ Roggenmehl und Mehl sowie Salz in eine Schüssel geben und vermischen.
▸ Milch dazugeben und zu einem glatten Teig verkneten.
▸ Dann zu einer Rolle formen und in Klarsichtfolie eingewickelt etwa 1 Stunde ruhen lassen.

Graukäsefüllung

▸ Die gekochten Kartoffeln schälen und durch die Kartoffelpresse drücken. Graukäse in Würfel schneiden, mit weicher Butter vermischen, fein geschnittenen Schnittlauch zufügen und mit Salz und Pfeffer würzen.

Rahmschaumsauce

▸ Schalotten in Butter leicht andünsten, mit Weißwein löschen und zur Hälfte einkochen lassen. Die Sahne aufgießen, wiederum einkochen lassen, mit Salz und Pfeffer würzen und mit dem Pürierstab aufmixen.

Fertigstellung

▸ Den Teig mit der Nudelmaschine dünn ausrollen und 20 cm lange Blätter abschneiden.
▸ Die Graukäsefüllung auf die Teigblätter verteilen, die Teigränder mit Milch bestreichen, zu kleinen Strudeln aufrollen und gut verschließen.
▸ Die Graukäsestrudel im Fett backen.
▸ Auf Küchenpapier abtropfen lassen und noch warm auf gedünstetem Lauch mit aufgeschäumter Rahmsauce und Schnittlauchhalmen servieren.

etwa 180 Grad
etwa 2 Minuten

Gebratener Pfifferlingstrudel

FÜR 4 KLEINE STRUDEL

Füllung

300 g	Pfifferlinge
80 g	Lauch
1	Knoblauchzehe, fein gehackt
50 g	Butter
2	Eigelb
20 g	Parmesan, gerieben
1 TL	Majoran
1 EL	Petersilie
	Pfeffer aus der Mühle
	Salz

Kräuter-Pfifferlingsalat

20 g	Kerbel, Kresse, Friséesalat, Lollo rosso, klein gezupft
40 g	gekochte Pfifferlinge
	Olivenöl, Zitronensaft und Salz zum Marinieren

Weiteres

100 g	Ziehteig (siehe Seite 54, etwa die Hälfte des Teiges) oder Fertigprodukt
	Eiweiß zum Bestreichen
50 g	Butter zum Anbraten
4 EL	Kalbsjus

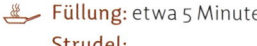 **Füllung:** etwa 5 Minuten

Strudel:
etwa 160 Grad
etwa 5 Minuten
etwa 180 Grad
etwa 5 Minuten

Füllung

▸ Pfifferlinge putzen, eventuell waschen und zerpflücken (vom Stiel aus in Viertel reißen).
▸ Lauch putzen, in Streifen schneiden und mit Knoblauch in Butter dünsten.
▸ Pfifferlinge zum Lauch geben und kurz mitdünsten.
▸ Eigelb mit dem Pfifferling-Lauch-Gemisch vermengen, mit Parmesan, Majoran, Petersilie, Pfeffer und Salz würzen.

Kräuter-Pfifferlingsalat

▸ Kerbel, Kresse, Friséesalat, Lollo rosso mit den gekochten Pfifferlingen vermischen und mit Olivenöl, Zitronensaft und Salz marinieren.

Fertigstellung

▸ Den Ziehteig dünn ausziehen, etwas antrocknen lassen und in vier gleiche Rechtecke (15 x 20 cm) schneiden.
▸ Die Teigstücke mit der Pfifferlingfüllung füllen, die Teigränder mit Eiweiß bestreichen, die kleinen Strudel locker einrollen und gut verschließen.
▸ In einer Pfanne Butter leicht erhitzen und die Ministrudel darin rundum anbraten, bis der Strudel eine goldbraune Farbe hat. Auf ein Backblech setzen und im Backofen fertig backen.
▸ Die Strudel mit dem marinierten Kräuter-Pfifferlingsalat garnieren und mit der Kalbsjus servieren.

TIPP

Anstelle der Pfifferlinge können Sie auch andere Pilze wie Champignons oder Steinpilze verwenden.

Gemüsestrudel

FÜR 4 PERSONEN

Füllung

20 g	Zwiebel, fein geschnitten
1	Knoblauchzehe, fein gehackt
30 ml	Olivenöl
100 g	Zucchini, in kleine Würfel geschnitten
100 g	Melanzane, geschält und in kleine Würfel geschnitten
100 g	Tomaten, in kleine Würfel geschnitten
	Salz
	Pfeffer aus der Mühle
4	Basilikumblätter
80 g	gekochter Schinken
80 g	Mozzarella, in Scheiben geschnitten

Weiteres

300 g	Blätterteig (siehe Seite 22) oder Topfenteig (siehe Seite 18)
1	Ei zum Bestreichen
120 ml	Tomatensauce
4	Basilikumherzen zum Garnieren
	Olivenöl zum Garnieren

etwa 180 Grad
etwa 20 Minuten
etwa 200 Grad
etwa 20 Minuten

Füllung

▸ Zwiebel und Knoblauch in einer flachen Pfanne mit Olivenöl dünsten.
▸ Zuerst Zucchini, dann Melanzane dazugeben und einige Minuten dünsten.
▸ Die Tomatenwürfel beifügen, mit Salz, Pfeffer und dem in Streifen geschnittenen Basilikum würzen und auskühlen lassen.

Fertigstellung

▸ Den Blätterteig auf einer bemehlten Arbeitsfläche (Nudelbrett oder Tisch) rechteckig (25 x 40 cm) dünn ausrollen.
▸ Mit den Schinken- und Mozzarellascheiben belegen, die Gemüsefüllung gleichmäßig darauf verteilen und mit einem zweiten Schinkenblatt das Gemüse umhüllen.
▸ Die Teigränder mit dem verquirlten Ei bestreichen und über die Gemüsefüllung lappen.
▸ Mit der Öffnung nach unten auf ein gefettetes Backblech geben und den Strudel mit Ei bestreichen.
▸ Vor dem Backen sollte der Strudel einige Zeit kalt gestellt werden.
▸ Den Backofen vorheizen und den Strudel darin backen.
▸ Den Strudel in Stücke schneiden, auf Tomatensauce mit Basilikum und Olivenöl servieren.

TIPPS

1. Vor dem Servieren den Strudel ein wenig ruhen lassen, so lässt er sich leichter aufschneiden.
2. Verwenden Sie zum Aufschneiden ein Elektromesser.
3. Servieren Sie dazu eine Tomaten- oder Schnittlauchsauce.
4. Als Füllung eignen sich auch Spinat, Spargel, Wirsing, Weißkraut, Karotten usw.

Kürbisstrudel

FÜR 4 PERSONEN

Topfenteig

100 g	Butter
100 g	Topfen (Quark)
1	Eigelb
160 g	Mehl
½ Pkg.	Backpulver
	Salz

Füllung

60 g	Schalotten, fein geschnitten
100 g	Bauchspeck, in kleine Würfel geschnitten
1	Knoblauchzehe, fein gehackt
50 ml	Olivenöl
500 g	Kürbis, in kleine Würfel geschnitten
1 EL	Thymianblätter
	Salz
	Pfeffer aus der Mühle

Weiteres

1	Ei zum Bestreichen
80 g	geröstete Steinpilzscheiben
1 TL	Petersilie, fein gehackt
4	Thymianzweige zum Garnieren
4 EL	Kalbsjus

 etwa 180 Grad
etwa 20 Minuten
 etwa 200 Grad
etwa 20 Minuten

Topfenteig

‣ Weiche Butter mit Topfen rasch zu einer homogenen Masse verarbeiten, bis keine Butterstücke mehr zu sehen sind.
‣ Eigelb dazugeben, Mehl, gesiebtes Backpulver und Salz beimischen und zu einem Teig verkneten.
‣ In Klarsichtfolie einwickeln (um den Teig vor dem Austrocknen zu schützen) und etwa 1 Stunde in den Kühlschrank geben.

Füllung

‣ Schalotten, Bauchspeck und Knoblauch in einer flachen Pfanne mit Olivenöl dünsten.
‣ Die Kürbiswürfel dazugeben und einige Minuten dünsten, mit Thymian, Salz, Pfeffer würzen und auskühlen lassen.

Fertigstellung

‣ Den Topfenteig auf einer bemehlten Arbeitsfläche (Nudelbrett oder Tisch) rechteckig (25 x 40 cm) dünn ausrollen.
‣ Die Kürbisfüllung gleichmäßig darauf verteilen, die Teigränder mit dem verquirlten Ei bestreichen und über die Kürbisfüllung lappen.
‣ Mit der Öffnung nach unten auf ein eingefettetes Backblech geben und den Strudel mit Ei bestreichen.
‣ Vor dem Backen sollte der Strudel einige Zeit kalt gestellt werden.
‣ Den Backofen vorheizen und den Strudel darin backen.
‣ Den Strudel in Scheiben schneiden und auf den gerösteten Steinpilzen mit Petersilie, Thymian und Kalbsjus servieren.

TIPPS

1. Anstelle von Kürbiswürfel können Sie auch Zucchini oder Pilze als Füllung verwenden.
2. Wenn Sie keine frischen Pilze bekommen, servieren Sie eine Käsesauce dazu.

Peperoni-Melanzanestrudel

FÜR 4 PERSONEN

Füllung

200 g	Peperoni, gemischt
200 g	Melanzane
100 g	Schalotten, fein geschnitten
50 ml	Olivenöl
1	Knoblauchzehe, fein gehackt
1 EL	Basilikum, fein geschnitten
1 TL	Thymian, fein geschnitten
	Pfeffer aus der Mühle
	Salz

Peperonicreme

100 g	rote Peperoni
1/2	Schalotte, fein geschnitten
2 EL	Olivenöl
1	Knoblauchzehe, gehackt
	Salz
	Pfeffer

Weiteres

200 g	Ziehteig (siehe Seite 54)
40 g	Brotbrösel, in Butter geröstet
50 g	zerlassene Butter zum Bestreichen
1 EL	Kräuteröl zum Garnieren
4	Kerbel zum Garnieren

etwa 160 Grad
etwa 20 Minuten
etwa 180 Grad
etwa 20 Minuten

Füllung

▸ Peperoni und Melanzane mit dem Sparschäler schälen und in 1 cm große Würfel schneiden.
▸ Schalotten in Olivenöl dünsten, Peperoni, Melanzane und Knoblauch dazugeben und kurz mitdünsten.
▸ Das Gemüse mit Basilikum, Thymian, Pfeffer und Salz würzen.

Peperonicreme

▸ Rote Peperoni mit dem Sparschäler schälen und in große Würfel schneiden.
▸ Schalotte in Olivenöl dünsten, Peperoni und Knoblauch dazugeben und kurz mitdünsten, mit Salz und Pfeffer würzen und im Mixer fein pürieren.

Fertigstellung

▸ Den Ziehteig auf einem mit Mehl bestreuten Tuch dünn austreiben und mit den Handrücken hauchdünn ausziehen.
▸ Mit Brotbröseln ein Drittel des Teiges bestreuen, die Peperoni-Melanzanefüllung darauf verteilen, den restlichen Teig mit zerlassener Butter bestreichen und den Strudel locker einrollen.
▸ Die Oberfläche des Strudels ebenfalls mit Butter bestreichen.
▸ Im vorgeheizten Backofen backen.
▸ Den Strudel in Scheiben schneiden, auf Peperonicreme und Kräuteröl anrichten und mit Kerbel servieren.

Pizzastrudel

Füllung

100 g	gekochter Schinken
150 g	Mozzarella
50 g	schwarze Oliven
100 g	Cocktailtomaten, halbiert
100 g	geröstete Zucchinischeiben
1 EL	Basilikum, fein geschnitten
½ TL	Oregano
	Salz
	Pfeffer aus der Mühle

Blätterteig (*für dieses Rezept benötigen Sie die Hälfte des Teiges*) **oder Fertigprodukt**

Wasserteig

200 g	Mehl
20 g	Butter
125 ml	Wasser
1 Prise	Salz
1 EL	Zitronensaft

Butterteig

225 g	Butter
50 g	Mehl

Weiteres

1	Ei zum Bestreichen
1 EL	Pesto zum Garnieren
4	Basilikumherzen zum Garnieren

🌡	etwa 160 Grad
🍲	etwa 20 Minuten
🌡	etwa 180 Grad
▭	etwa 20 Minuten

Zubereitung

▸ Schinken in 2 cm große Blättchen und Mozzarella in 1 cm große Würfel schneiden. Oliven entkernen und halbieren.

▸ Schinken, Mozzarella und Oliven mit Tomaten und Zucchini vermischen, mit Basilikum, Oregano, Salz und Pfeffer würzen.

Blätterteig

▸ Für den Wasserteig Mehl, Butter, Wasser, Salz und Zitronensaft zu einem glatten Teig verkneten, zu einer Kugel formen und zugedeckt 20 Minuten ruhen lassen.

▸ Für den Butterteig kalte Butter mit Mehl gut verkneten, zu einem Ziegel formen und bereitstellen.

▸ Den Wasserteig ausrollen und den Butterziegel darin einschlagen, mit dem Nudelholz zu einem etwa 2 cm dicken Rechteck ausrollen, dann eine *einfache* Tour geben (ein Drittel des Teigrechteckes in die Mitte des Teiges legen und mit dem dritten Drittel überlappen), zudecken und 20 Minuten im Kühlschrank ruhen lassen.

▸ Den Teig wieder zu einem Rechteck ausrollen und eine *doppelte* Tour geben (das rechte und linke Viertel des Teigrechteckes in die Mitte legen, dann die Hälfte des Teiges mit der anderen überlappen) und wieder 20 Minuten zugedeckt im Kühlschrank ruhen lassen.

▸ Dem Teig noch eine *doppelte* und zum Schluss eine *einfache* Tour geben, dann weiterverarbeiten.

Fertigstellung

▸ Den Blätterteig auf einer bemehlten Arbeitsfläche (Nudelbrett oder Tisch) rechteckig (25 x 40 cm) dünn ausrollen.

▸ Mit dem Schinken-Mozzarella-Oliven-Gemisch belegen und gleichmäßig darauf verteilen.

▸ Die Teigränder mit dem verquirlten Ei bestreichen und über die Füllung lappen. Mit der Öffnung nach unten auf ein gefettetes Backblech geben, mit Teigstreifen garnieren, mit Ei bestreichen und im vorgeheizten Backofen backen.

▸ Den Strudel in Scheiben schneiden und mit Pesto und Basilikumherzen servieren.

Spargel-Bärlauchstrudel

FÜR 4 PERSONEN, 2 KLEINE STRUDEL

Zutaten

400 g	weißer Spargel, 12 Stück
300 g	Blätterteig (siehe Seite 22)
8	gekochte Bärlauch- blätter

Weißweinschaum

1	Eigelb
20 ml	Weißwein
	Salz

Weiteres

1	Ei zum Bestreichen
	Kresse zum Garnieren

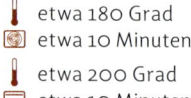

🌡 etwa 180 Grad
🍳 etwa 10 Minuten
🌡 etwa 200 Grad
▭ etwa 10 Minuten

Zubereitung

▸ Spargel schälen und in Salzwasser 8–10 Minuten kochen.
▸ Den Blätterteig auf einer bemehlten Arbeitsfläche (Nudelbrett oder Tisch) dünn ausrollen und in zwei gleiche Rechtecke (2 cm länger als der Spargel) schneiden.
▸ Die zwei Teigblätter mit den Bärlauchblättern belegen und jeweils sechs gekochte Spargel darauf verteilen.
▸ Die Teigränder mit dem verquirlten Ei bestreichen und über die Spargel lappen.
▸ Die beiden Strudel mit der Öffnung nach unten auf ein gefettetes Backblech geben und mit Ei bestreichen.
▸ Den Backofen vorheizen und die Strudel darin backen.

Weißweinschaum

▸ Eigelb mit Weißwein vermischen und auf dem heißen Wasserbad schaumig schlagen, bis der Schaum bindet. Mit Salz würzen und servieren.

Fertigstellung

▸ Die Strudel in Scheiben schneiden und mit Weißweinschaum und Kresse servieren.

TIPPS

1. *Sie können auch gekochten Schinken und Schnittkäse in den Strudel mit einlegen.*
2. *Zum Weißweinschaum können Sie auch Schnittlauch oder Estragon, gehackt, beimengen.*
3. *Anstelle des Weißweinschaums servieren Sie eine Bozner Sauce oder Sauce Hollandaise dazu.*
4. *Sie können anstelle des Blätterteiges auch Ziehteig verwenden.*
5. *Anstelle von Bärlauch können Sie Spinatblätter verwenden.*

Krautstrudel

FÜR 4 PERSONEN

Krautfüllung

400 g	Weißkraut (Weißkohl)
40 g	Butter
50 g	Zwiebel, fein geschnitten
20 g	Speck, in kleine Würfel geschnitten
	Salz
	Pfeffer aus der Mühle
50 ml	Weißwein
250 ml	Gemüsebrühe oder Wasser
½ TL	Kümmel

Kartoffelfond

80 g	mehlige Kartoffeln
1 EL	Olivenöl
1	Schalotte
½	Knoblauchzehe
	Gemüsefond
	Pfeffer aus der Mühle
	Salz

Weiteres

200 g	Ziehteig (siehe Seite 54)
30 g	Brotbrösel zum Bestreuen
50 g	zerlassene Butter zum Bestreichen
	Olivenöl
	Majoranblätter
12	kleine Speckscheiben

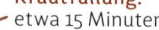 **Krautfüllung:**
etwa 15 Minuten

 **Strudel:**
etwa 160 Grad
etwa 20 Minuten
etwa 180 Grad
etwa 20 Minuten

Krautfüllung

‣ Weißkraut waschen, halbieren, den Strunk entfernen und das Weißkraut in Blättchen oder Streifen schneiden.

‣ In einem Kochtopf Butter schmelzen, Zwiebel darin dünsten, den Speck hinzufügen und mitdünsten bis er glasig ist. Dann das Kraut dazugeben, salzen und pfeffern, mit Weißwein löschen und die Gemüsebrühe dazugießen.

‣ Zugedeckt langsam fertig dünsten, zum Schluss mit Kümmel abschmecken und erkalten lassen.

Kartoffelfond

‣ Kartoffeln schälen, in 2 x 2 cm große Stücke schneiden und etwa 20 Minuten in Salzwasser weich kochen.

‣ Schalotten in Olivenöl dünsten, die gekochten Kartoffeln und Knoblauch dazugeben, mit Gemüsefond aufgießen und kurz kochen lassen. Mit Pfeffer und Salz würzen und im Mixer fein pürieren.

Fertigstellung

‣ Den Ziehteig dünn ausziehen. Mit Brotbröseln ein Drittel des Teiges bestreuen und die Krautfüllung darauf verteilen, den restlichen Teig mit zerlassener Butter bestreichen und den Strudel locker einrollen.

‣ Die Oberfläche des Strudels ebenfalls mit Butter bestreichen und im vorgeheizten Backofen backen.

‣ Den Strudel in Scheiben schneiden und auf dem Kartoffelfond mit Olivenöl und Majoranblättern anrichten. Dazu servieren Sie Speckscheiben.

TIPP

Für einen **Blaukrautstrudel** *verwenden Sie anstelle des Weißkrauts gedünstetes Blaukraut und Äpfel.*

Delizia nach Valdostaner Art

FÜR 4 PERSONEN

Zutaten

300 g	Blätterteig (siehe Seite 22)
200 g	gekochter Schinken
150 g	Fontina-Käse, in Scheiben geschnitten
100 g	Champignons in Öl
200 g	Tomaten, in Scheiben geschnitten
1 EL	Basilikum, fein geschnitten
½ TL	Oregano
	Salz
	Pfeffer aus der Mühle

Weiteres

1	Ei zum Bestreichen

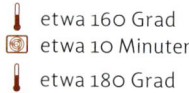
etwa 160 Grad
etwa 10 Minuten
etwa 180 Grad
etwa 10 Minuten

Zubereitung

▸ Den Blätterteig auf einer bemehlten Arbeitsplatte oder einem Nudelbrett dünn zu zwei Rechtecken (15 x 30 cm) ausrollen.

▸ Ein Blätterteigblatt mit Schinken, Fontina-Käse, Champignons und Tomaten belegen und mit Basilikum, Oregano, Salz und Pfeffer würzen.

▸ Die Teigränder mit Ei bestreichen, das zweite eingeschnittene Teigblatt darüberlegen und gut andrücken.

▸ Auf ein mit Backpapier ausgelegtes Backblech geben, die Oberfläche des Strudels mit Ei bestreichen, die Seitenränder mit dem Teigroller abrollen und im vorgeheizten Backofen backen.

TIPPS

1. Anstelle der frischen Tomaten kann man auch eine Tomatensauce nehmen.

2. Weitere Zutaten für die Füllung: gedünstete Artischocken oder Zucchini, Taleggio, Spinat usw.

3. Anstelle der Campignons können Sie auch Pfifferlinge oder Steinpilze verwenden.

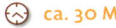

Lammrückenfilet im Artischockenstrudel

FÜR 4 PERSONEN

Füllung

500 g	Lammrückenfilet ohne Knochen
20 ml	Öl zum Anbraten
3	Artischocken
30 g	Zwiebel, fein geschnitten
1	Knoblauchzehe, fein gehackt
1	Eigelb
20 g	Parmesan, gerieben
1 EL	Rosmarin, fein gehackt
1 EL	Thymian, fein gehackt
1 TL	Petersilie, fein geschnitten
	Salz
	Pfeffer aus der Mühle

Weiteres

200 g	Ziehteig (siehe Seite 54) oder 300 g Blätterteig (siehe Seite 22)
2 EL	Brotbrösel, eventuell in Butter geröstet
40 g	zerlassene Butter zum Bestreichen
200 ml	Lammsauce zum Servieren
8	gegrillte Zucchinischeiben
100 g	rote Zwiebeln, gedünstet
	Thymian zum Garnieren
	Salzblüte
	schwarzer Pfeffer aus der Mühle

🌡 etwa 160 Grad
🍳 etwa 12 Minuten
🌡 etwa 180 Grad
🍽 etwa 12 Minuten

Füllung

▸ Das Lammrückenfilet von Fett und Sehnen befreien und mit Salz und Pfeffer würzen. In einer Pfanne das Öl erhitzen und das Filet darin allseitig anbraten, aus der Pfanne nehmen und kalt stellen.

▸ Artischocken putzen und in feine Scheiben schneiden.

▸ Zwiebel und Knoblauch in etwas Butter dünsten, mit den Artischocken vermischen und 5 Minuten weich dünsten.

▸ Alles erkalten lassen und mit Eigelb, Parmesan, Rosmarin, Thymian, Petersilie und Salz vermischen.

Fertigstellung

▸ Den Ziehteig zuerst etwas ausrollen, dann hauchdünn ausziehen.

▸ Auf das erste Drittel des Teiges etwas Brotbrösel streuen und dann die Artischockenfüllung daraufgeben.

▸ Das erkaltete Lammrückenfilet darauflegen und den restlichen Teig mit zerlassener Butter bestreichen, die Teigränder abschneiden, dann den Strudelteig mit der Artischockenfüllung und dem Filet einrollen.

▸ Den Strudel mit zerlassener Butter bestreichen und im vorgeheizten Backofen backen (Kerntemperatur 60 Grad).

▸ Anschließend etwas ruhen lassen, damit sich der Fleischsaft im Fleisch gleichmäßig verteilt und nicht ausläuft.

▸ Den Strudel in Scheiben schneiden, auf der heißen Lammsauce mit gegrillten Zucchinischeiben und gedünsteter roter Zwiebel anrichten und mit Salzblüte und schwarzem Pfeffer bestreuen. Mit Thymian garnieren und servieren.

TIPPS

1. *Anstelle des Ziehteiges können Sie auch Filoteig verwenden.*

2. *Anstelle des Lammrückens verwenden Sie Rehrücken oder Kaninchenrücken.*

Rindsfiletstrudel Wellington

FÜR 4 PERSONEN

Füllung

200 g	Champignons
1	Schalotte
1	Knoblauchzehe
30 g	Butter
4	Scheiben Trockenpilze, in Wasser eingeweicht
1	Eigelb
20 g	Weißbrotbrösel
1 TL	Senf
1 TL	Basilikum, Petersilie und Thymian, fein geschnitten
	Salz
	Pfeffer aus der Mühle

Weiteres

500 g	Rindsfilet vom Mittelstück
	Salz
	Pfeffer aus der Mühle
	Öl zum Braten
300 g	Blätterteig (siehe Seite 22)
1	Ei zum Bestreichen

🌡 etwa 180 Grad, fallend auf 140 Grad

⏲ etwa 25 Minuten

🌡 etwa 200 Grad, fallend auf 160 Grad

▭ etwa 25 Minuten

Füllung

▸ Champignons putzen und in Viertel schneiden.

▸ Schalotte und Knoblauch fein schneiden und in Butter dünsten. Champignons und eingeweichte Trockenpilze dazugeben, salzen und weiterdünsten.

▸ Nun die gedünsteten Pilze fein hacken, mit Eigelb und Weißbrotbröseln binden, mit Senf, Basilikum, Petersilie, Thymian sowie Salz und Pfeffer abschmecken und auskühlen lassen.

Fertigstellung

▸ Das Filet von allen Sehnen befreien und mit Salz und Pfeffer würzen. In einer Pfanne Öl erhitzen und das Fleisch rundum anbraten, dann kalt stellen.

▸ Den Blätterteig gleichmäßig, rechteckig (25 x 40 cm) ausrollen (etwa 3 mm dick), mit der Füllung bestreichen, das angebratene Filet darauflegen und einschlagen.

▸ Den Teig gut verschließen, mit der Nahtstelle nach unten auf ein gefettetes Backblech setzen, mit Ei bestreichen und eventuell mit ausgestochenen Teigornamenten garnieren.

▸ Etwas ruhen lassen und dann im vorgeheizten Backofen backen.

▸ Vor dem Servieren das Filet noch etwa 10 Minuten ruhen lassen, damit sich der Fleischsaft verteilen kann und der Strudel sich gut aufschneiden lässt.

TIPPS

1. *Anstelle des Rindsfilets verwenden Sie Kalbsfilet.*
2. *Als Beilage eignen sich Gratinkartoffeln, Kartoffelpüree, Zucchini, Blumenkohl oder Karotten.*

Lachsstrudel

FÜR 4 PERSONEN

Fischfarce

100 g	Fischfleisch (Lachs, Zander oder Seezunge)
1	gedünstete Schalotte (20 g)
1 EL	Petersilie, fein geschnitten
1 EL	Dill, fein geschnitten
	Salz
	Pfeffer aus der Mühle
80 ml	leicht geschlagene Sahne

Tomatenbutter

100 g	Tomatenwürfel
50 g	zerlassene Butter
½ TL	Estragon, gehackt
	Salz
	Pfeffer aus der Mühle

Weiteres

300 g	Blätterteig (siehe Seite 22)
8	Zucchinilängsscheiben, gegrillt
300 g	Lachsfilet
	Salz
	Pfeffer aus der Mühle
1	Ei zum Bestreichen
12	Petersilienblätter zum Garnieren
	Salzblüte

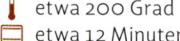 etwa 180 Grad
etwa 12 Minuten
etwa 200 Grad
etwa 12 Minuten

Fischfarce

▶ Die Fischfilets in Streifen schneiden und mit der gedünsteten Schalotte, Petersilie, Dill, Salz und Pfeffer würzen.

▶ Sahne mit Fisch vermengen und 1 Stunde kalt stellen (0 Grad).

▶ Diese Zutaten im Cutter oder in der Moulinette blitzen (sehr fein hacken).

Tomatenbutter

▶ Die Tomatenwürfel in zerlassener Butter erwärmen und mit Estragon, Salz und Pfeffer würzen.

Fertigstellung

▶ Den Blätterteig gleichmäßig, rechteckig (25 × 40 cm) dünn ausrollen (etwa 2 mm dick), mit gegrillten Zucchinischeiben belegen und mit der Farce bestreichen. Das Lachsfilet mit Salz und Pfeffer würzen, darauflegen und einschlagen.

▶ Den Teig gut verschließen, mit der Nahtstelle nach unten auf ein gefettetes Backblech setzen, mit Ei bestreichen, eventuell mit ausgestochenen Teigornamenten garnieren, etwas ruhen lassen und dann im vorgeheizten Backofen backen.

▶ Den Strudel in Scheiben schneiden, mit Tomatenbutter und Petersilienblättern anrichten, mit Salzblüte besträuen und servieren.

TIPP

Sie können den Strudel auch ohne Farce zubereiten.

Kartoffelstrudel mit Meeresfrüchten

FÜR 4 PERSONEN

Füllung

80 g	Garnelen (4 Stück)
200 g	Miesmuscheln
200 g	Venusmuscheln
3 EL	Olivenöl
30 ml	Weißwein
1	Knoblauchzehe, fein gehackt
1 EL	Petersilie, fein geschnitten
	Salz
	Pfeffer aus der Mühle

Kartoffelteig

300 g	mehlige Kartoffeln
1	Eigelb
1 EL	weiche Butter
100 g	Mehl
	Salz
1 Msp.	Muskat, gerieben

Weiteres

1	Ei zum Bestreichen
	Öl zum Bestreichen
	Alufolie zum Einwickeln der Strudel
	Butter zum Backen
	Tomatensauce
	Olivenöl
1 EL	Basilikumstreifen

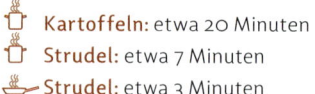

Kartoffeln: etwa 20 Minuten
Strudel: etwa 7 Minuten
Strudel: etwa 3 Minuten

Füllung

▸ Garnelen putzen, die Schale entfernen, den Darm mit einem kleinen Messer herausziehen und der Länge nach halbieren.
▸ Von den Miesmuscheln den »Bart« abziehen und zusammen mit den Venusmuscheln gut waschen.
▸ In einem Topf Olivenöl erhitzen, die Muscheln hineingeben, mit Weißwein löschen, bei geschlossenem Topf einmal aufkochen, dann die Muscheln etwas auskühlen lassen. Aus der Schale lösen und bereitstellen (einige Muscheln für die Garnitur zur Seite stellen).
▸ Die rohen Garnelen und Muscheln vermischen und mit Knoblauch, Petersilie, Salz und Pfeffer würzen.

Kartoffelteig

▸ Kartoffeln schälen, in Würfel schneiden und in Salzwasser kochen. Abseihen und etwas ausdämpfen lassen (damit sie trockener sind).
▸ Kartoffeln durch die Kartoffelpresse drücken, mit Eigelb und Butter verkneten, dann erkalten lassen.
▸ Mehl, Salz und Muskat unter die Kartoffelmasse kneten.

Fertigstellung

▸ Den Kartoffelteig gleichmäßig ausrollen (etwa 3 mm dick) und in vier gleiche Rechtecke (10 x 15 cm) schneiden. Die Meeresfrüchte darauflegen, die Teigränder mit Ei bestreichen, einschlagen und den Teig gut verschließen. In eine geölte Alufolie wickeln und etwa 7 Minuten in Salzwasser kochen.
▸ Die Strudel aus der Folie nehmen, in einer Pfanne Butter leicht erhitzen und die Ministrudel darin etwa 3 Minuten rundum anbraten, bis sie eine goldbraune Farbe haben.
▸ Die Strudel halbieren und auf der Tomatensauce mit einigen Muscheln, Olivenöltropfen und Basilikumstreifen servieren.

Semmelstrudel mit Lauch

Semmelknödelmasse

200 g	Semmeln vom Vortag
100 g	Lauch
100 g	Butter
2	Eier
120 ml	Milch
4 EL	Petersilie, fein geschnitten
	Salz
	Pfeffer aus der Mühle

Weiteres

200 g	Ziehteig (siehe Seite 54)
	zerlassene Butter zum Bestreichen

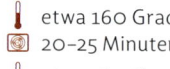 etwa 160 Grad
20–25 Minuten

etwa 180 Grad
20–25 Minuten

Semmelknödelmasse

- ▸ Semmeln in Streifen schneiden.
- ▸ Lauch putzen, waschen und in kleine Würfel schneiden.
- ▸ 30 g Butter in einer Pfanne erhitzen und den Lauch darin dünsten.
- ▸ Die restliche Butter schaumig rühren.
- ▸ Die Eier trennen und das Eiweiß mit einer Prise Salz zu Schnee schlagen.
- ▸ Milch mit Eigelb verrühren und mit Brot vermischen.
- ▸ Die schaumige Butter, Lauch und das geschlagene Eiweiß abwechselnd unter die Brotmasse heben, mit Petersilie, Salz und Pfeffer würzen.

Fertigstellung

- ▸ Den Ziehteig auf einem mit Mehl bestreuten Tuch dünn austreiben und mit den Handrücken hauchdünn ausziehen.
- ▸ Die Semmelknödelmasse länglich auftragen, den Teig einschlagen, mit zerlassener Butter bestreichen und im vorgeheizten Backofen backen.
- ▸ Den Strudel in Scheiben schneiden und servieren.

TIPPS

1. *Anstelle des Ziehteiges können Sie auch Filoteig verwenden.*
2. *Sie können auch Speckstreifen und Pilze unter den Knödelteig mischen.*
3. *Wenn Sie Ricotta unter die Semmelknödelmasse geben, wird die Füllung lockerer.*
4. *Anstelle des Lauchs können Sie auch gemischte Kräuter in die Semmelknödelmasse mischen.*

Kartoffelstrudel

FÜR 4 PERSONEN

Füllung

400 g	mehlige Kartoffeln
100 g	Lauch
50 g	Bauchspeck
1	Knoblauchzehe, fein gehackt
50 g	Butter
2	Eigelb
20 g	Parmesan, gerieben
1 TL	Majoran
1 EL	Schnittlauch, fein geschnitten
	Pfeffer aus der Mühle
	Salz

Weiteres

200 g	Ziehteig (siehe Seite 54)
50 g	zerlassene Butter zum Bestreichen
	Kräuteröl
4	Majoranherzen zum Garnieren

etwa 160 Grad
etwa 15 Minuten

etwa 180 Grad
etwa 15 Minuten

Füllung

▸ Kartoffeln in Salzwasser etwa 40 Minuten kochen und auskühlen lassen.

▸ Lauch und Bauchspeck in Streifen schneiden und mit Knoblauch in Butter dünsten.

▸ Kartoffeln schälen, grob raspeln, Eigelb und das Speck-Lauch-Gemisch miteinander vermengen, mit Parmesan, Majoran, Schnittlauch, Pfeffer und Salz würzen.

Fertigstellung

▸ Den Ziehteig dünn ausziehen. Auf ein Drittel des Teiges die Kartoffelfüllung verteilen, den restlichen Teig mit der zerlassenen Butter bestreichen und den Strudel locker einrollen.

▸ Die Oberfläche des Strudels ebenfalls mit Butter bestreichen und im vorgeheizten Backofen backen.

▸ Den Strudel in Scheiben schneiden, mit Majoran und Kräuteröl anrichten und servieren.

TIPPS

1. *Wenn Sie während des Backens den Strudel immer wieder mit zerlassener Butter bestreichen, wird er besonders knusprig.*

2. *Diesen Strudel können Sie als Beilage zu geschmorten Fleischgerichten oder als warme Vorspeise mit einer Käsesauce servieren.*

3. *Anstelle des Ziehteiges können Sie auch Blätterteig verwenden, der eingeschlagen und nicht eingerollt wird.*

4. *Sie können auch verschiedene gehackte Kräuter unter die Füllung mischen.*

Apfelstrudel

Mürbteig (etwa 500 g)

120 g	Butter
100 g	Staubzucker
1 Msp.	Zitronenschale, gerieben
1 Pkg.	Vanillezucker
1	Ei
1 EL	Sahne oder Milch
300 g	Mehl
½ Pkg.	Backpulver
1 Prise	Salz

Füllung

600 g	Äpfel
50 g	Zucker
50 g	Brotbrösel, in etwas Butter geröstet
40 g	Sultaninen
20 g	Pinoli
2 EL	Rum
1 Pkg.	Vanillezucker
½ TL	Zimt
1 Msp.	Zitronenschale, gerieben

Weiteres

1	Ei zum Bestreichen Staubzucker zum Bestreuen

 etwa 160 Grad
etwa 35 Minuten
etwa 180 Grad
etwa 35 Minuten

Mürbteig (siehe vordere Umschlag-Innenseite)

▸ Die nicht zu kalte Butter mit Staubzucker, Zitronenschale und Vanillezucker rasch zu einer homogenen Masse verarbeiten, bis keine Butterstücke mehr zu sehen sind.
▸ Ei und Sahne dazugeben, Mehl, gesiebtes Backpulver und Salz beimischen und zu einem Teig verkneten.
▸ In Klarsichtfolie einwickeln (um den Teig vor dem Austrocknen zu schützen) und etwa 1 Stunde in den Kühlschrank geben.

Füllung

▸ Äpfel schälen und entkernen, in kleine Scheiben schneiden und mit Zucker etwa 5 Minuten dünsten. Brotbrösel, Sultaninen, Pinoli, Rum, Vanillezucker, Zimt und Zitronenschale unter die Äpfel mischen.

Fertigstellung

▸ Den Teig auf einem bemehlten Nudelbrett 40 x 25 cm groß ausrollen, am Rand zwei schmale Längsstreifen vom Teig abschneiden und bereitstellen.
▸ Den Teig auf ein mit Butter bestrichenes oder mit Papier ausgelegtes Backblech legen.
▸ Die Apfelfüllung auf den Teig geben und den Strudel mit dem Teig einschlagen.
▸ Den Strudel mit dem verquirlten Ei bestreichen, mit den Teigstreifen verzieren und im vorgeheizten Backofen backen.
▸ Mit Staubzucker bestreuen und servieren.

TIPPS

1. *Verfeinern Sie die Apfelstrudelfüllung mit gehackten Nüssen.*
2. *Servieren Sie Zimtsahne und Zitronenmelisse dazu.*

Birnen-Schokoladenstrudel

Füllung

600 g	Birnen
50 g	Haselnüsse, gerieben
100 g	Bitterschokolade (Kuvertüre), gerieben
40 g	Brotbrösel oder Biskuitbrösel
160 g	Zucker
½ TL	Zimt

Karamellisierte Birnen

180 g	Birnen
2 EL	Zucker
30 ml	Weißwein
30 g	Butter

Weiteres

200 g	Ziehteig (siehe Seite 54)
50 g	zerlassene Butter zum Bestreichen
	Staubzucker zum Bestreuen
	geröstete Mandeln zum Garnieren
	Zitronenmelisse

 etwa 170 Grad

 etwa 20 Minuten

 etwa 190 Grad

etwa 20 Minuten

Füllung

▸ Birnen schälen und entkernen, in kleine Scheiben schneiden und mit Haselnüssen, Schokolade, Brotbröseln, Zucker und Zimt vermengen.

Karamellisierte Birnen

▸ Birnen schälen, entkernen und in Spalten schneiden.

▸ Zucker in einer Pfanne karamellisieren, Birnen dazugeben, mit Weißwein löschen, weich dünsten und mit Butter die Karamellsauce binden.

Fertigstellung

▸ Den Ziehteig auf ein gut bemehltes Küchentuch legen, den Teig auf der Oberfläche gut mit Mehl bestauben und etwas ausrollen.

▸ Dann mit den Händen ausziehen, dabei mit den Handrücken unter den Teig fahren und diesen nach allen Seiten vorsichtig ausziehen, bis er ganz dünn ist.

▸ Die Füllung auf dem Teig verteilen, die dicken Teigränder wegschneiden, das Tuch an den beiden oberen Enden nehmen und den Strudel so eng wie möglich einrollen. Nicht vom Tuch wegnehmen, sondern mithilfe desselben auf ein mit Butter bestrichenes Backblech heben. Erst dort den Strudel vorsichtig vom Tuch auf das Blech rollen.

▸ Den Strudel mit zerlassener Butter bestreichen und im vorgeheizten Backofen hellbraun backen.

▸ Mit Staubzucker bestreuen und lauwarm mit den Birnenspalten, den gerösteten Mandeln und der Zitronenmelisse servieren.

TIPP

Dieser Strudel kann auch mit Blätterteig zubereitet werden.

Karamellisierter Quittenstrudel

FÜR 1 STRUDEL, ETWA 8 STÜCK

Füllung

600 g	Quittenäpfel
30 g	Brotbrösel
1 EL	Butter zum Anrösten
90 g	Zucker
50 ml	Weißwein
30 g	Butter
30 g	Sultaninen
20 g	Pinoli
20 g	Mandeln, fein gerieben
15 g	Walnüsse, grob gehackt
2 EL	Rum
1 Pkg.	Vanillezucker
½ TL	Zimt
1 Msp.	Zitronenschale, gerieben

Weiteres

200 g	Ziehteig (siehe Seite 54)
	zerlassene Butter zum Bestreichen
	Staubzucker zum Bestreuen
4 EL	Kakisauce
4	Kakistücke
	Minze zum Garnieren

 etwa 160 Grad
 etwa 35 Minuten
 etwa 180 Grad
 etwa 35 Minuten

Füllung

- ▸ Quitten schälen, entkernen und in Scheiben schneiden.
- ▸ Brotbrösel mit 1 Esslöffel Butter anrösten.
- ▸ Zucker in einem flachen Kochtopf karamellisieren und mit Weißwein löschen. Quitten und Butter dazugeben und etwa 10 Minuten glasieren.
- ▸ Quitten kurz auskühlen lassen, mit Brotbröseln, Sultaninen, Pinoli, Mandeln, Walnüssen, Rum, Vanillezucker, Zimt und Zitronenschale mischen.

Fertigstellung

- ▸ Den Ziehteig auf ein gut bemehltes Küchentuch legen, den Teig auf der Oberfläche gut mit Mehl bestauben und etwas ausrollen.
- ▸ Dann mit den Händen ausziehen, dabei mit den Handrücken unter den Teig fahren und diesen nach allen Seiten vorsichtig ausziehen, bis er ganz dünn ist.
- ▸ Die Quittenfüllung auf dem Teig verteilen, die dicken Teigränder wegschneiden, das Tuch an den beiden oberen Enden nehmen und den Strudel so eng wie möglich einrollen. Nicht vom Tuch wegnehmen, sondern mithilfe desselben auf ein mit Butter bestrichenes Backblech heben. Erst dort den Strudel vorsichtig vom Tuch auf das Blech rollen.
- ▸ Den Strudel mit zerlassener Butter bestreichen und im vorgeheizten Backofen hellbraun backen.
- ▸ Auf Kakisauce anrichten und mit Kakistücken und Minze garnieren.

TIPP

Anstelle von Quitten verwenden Sie getrocknete Feigen, Pflaumen oder Marillen.

Kirschstrudel mit Marzipan

FÜR 1 STRUDEL, ETWA 8 STÜCK

Füllung

200 g	Marzipanrohmasse
150 ml	Sauerrahm
1,2 kg	Kirschen
6	Löffelbiskuits oder 60 g süße Brösel

Weiteres

200 g	Ziehteig (siehe Seite 54)
	zerlassene Butter zum Bestreichen
	Staubzucker zum Bestreuen
	Waldmeister zum Garnieren

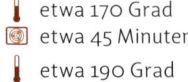

etwa 170 Grad
etwa 45 Minuten

etwa 190 Grad
etwa 45 Minuten

Füllung

▸ Marzipanrohmasse zerbröckeln und mit Sauerrahm verrühren.
▸ Kirschen entsteinen und Löffelbiskuits zerbröseln.

Fertigstellung

▸ Den Teig auf einem bemehlten Tuch ausrollen und mit den Handrücken ausziehen, bis er durchsichtig wird.
▸ Mit Marzipan-Sauerrahm bestreichen. Kirschen darauf verteilen und dabei einen 5 cm breiten Rand lassen. Löffelbiskuitbrösel über die Kirschen verteilen.
▸ Die Ränder über die Kirschfüllung schlagen, den Strudel aufrollen und mit der Nahtseite nach unten auf ein gefettetes Backblech legen.
▸ Den Strudel mit zerlassener Butter bestreichen und im vorgeheizten Backofen backen, dabei ab und zu mit zerlassener Butter bestreichen.
▸ Nach dem Backen mit Staubzucker bestreuen, mit Waldmeister garnieren und servieren.

TIPP
Anstelle der Kirschen können Sie Johannisbeeren, Erdbeeren oder andere Früchte verwenden.

Dattelstrudel mit Mascarpone

FÜR 1 STRUDEL, ETWA 8 STÜCK

Füllung

200 g	Marzipanrohmasse
200 g	Mascarpone
500 g	frische Datteln
1 EL	Mandarinen- oder Orangenschale, gerieben
100 g	Biskuitbrösel oder Brösel

Weiteres

200 g	Ziehteig (siehe Seite 54)
	zerlassene Butter zum Bestreichen
	Orangenfilets und Datteln zum Garnieren
	Zitronengras zum Garnieren

 etwa 160 Grad
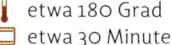 etwa 30 Minuten

etwa 180 Grad
etwa 30 Minuten

Füllung

▸ Marzipanrohmasse zerbröckeln und mit Mascarpone verrühren.
▸ Datteln entsteinen, in kleine Stücke schneiden, mit der Mandarinenschale zum Marzipan-Mascarpone-Gemisch geben und vermischen.

Fertigstellung

▸ Den Teig auf einem bemehlten Tuch ausrollen und mit den Handrücken ausziehen, bis er durchsichtig wird.
▸ Mit Marzipan-Dattel-Füllung bestreichen und dabei einen 5 cm breiten Rand lassen. Die Biskuitbrösel über die Füllung verteilen.
▸ Die Ränder über die Füllung schlagen, den Strudel aufrollen und mit der Nahtseite nach unten auf ein gefettetes Backblech legen.
▸ Den Strudel mit zerlassener Butter bestreichen und im vorgeheizten Backofen backen, dabei ab und zu mit zerlassener Butter bestreichen.
▸ Den Strudel lauwarm mit Orangenfilets, Datteln und Zitronengras garnieren und servieren.

TIPPS

1. *Anstelle des Ziehteiges können Sie auch Filoteig verwenden.*
2. *Anstelle der Datteln verwenden Sie Pflaumen.*
3. *Zusätzlich zu den Orangenfilets können Sie auch ein Vanilleeis, eine Nusssauce oder eine Sabayon dazuservieren.*
4. *Servieren Sie eine Kaffeesahne dazu.*
5. *Zum Dattelstrudel passen auch karamellisierte Ananasscheiben.*

Zwetschgenstrudel

Füllung

600 g	Zwetschgen
50 g	Mandeln, gerieben
40 g	Brot- oder Biskuitbrösel
180 g	Zucker, je nach Süße der Zwetschgen
½ TL	Zimt
1 Msp.	Zitronenschale, gerieben

Vanillesauce

250 ml	Milch
60 g	Zucker
1 Pkg.	Vanillezucker oder ½ Vanilleschote
1 Msp.	Zitronenschale, gerieben
1 Prise	Salz
3	Eigelb
2 TL	Speisestärke
125 ml	geschlagene Sahne

Weiteres

500 g	Mürbteig für Strudel (siehe Seite 42)
1	Ei zum Bestreichen
	Staubzucker zum Bestreuen
	Melisse zum Garnieren

🌡 etwa 160 Grad
🍳 etwa 35 Minuten
🌡 etwa 180 Grad
⊟ etwa 35 Minuten

Füllung

▸ Zwetschgen waschen, entkernen, vierteln und mit Mandeln, Brotbröseln, Zucker, Zimt und geriebener Zitronenschale vermengen.

Vanillesauce

▸ Milch mit 20 g Zucker, Vanillezucker oder aufgeschnittener Vanilleschote, Zitronenschale und Salz zum Kochen bringen.

▸ Eigelb mit restlichem Zucker und Speisestärke in einer Schüssel verrühren, kochende Milch dazugießen, in einen Topf umschütten und unter ständigem Rühren auf den Siedepunkt bringen.

▸ Eventuell durch ein Sieb passieren, leicht auskühlen lassen und die geschlagene Sahne einrühren.

Fertigstellung

▸ Mürbteig auf einem bemehlten Nudelbrett rechteckig (40 × 25 cm) ausrollen und auf das Backblech legen.

▸ Die Zwetschgenfüllung auf den Teig geben und den Strudel einrollen.

▸ Den Strudel mit dem aufgeschlagenen Ei bestreichen und im Backofen backen.

▸ Den Strudel lauwarm mit Vanillesauce anrichten, mit Staubzucker bestreuen, mit Melisse garnieren und servieren.

TIPPS

1. *Dieser Strudel kann auch mit Ziehteig oder Blätterteig zubereitet werden.*
2. *Servieren Sie den Strudel mit Fruchtsaucen, Vanillesauce oder mit einem Weinschaum.*

Wiener Apfelstrudel

FÜR 1 STRUDEL, ETWA 8 STÜCK

Ziehteig (ca. 200 g)

150 g	Mehl
80 ml	lauwarmes Wasser
1 TL	Öl
1 Prise	Salz
1 TL	Weißweinessig
	Öl zum Bestreichen

Füllung

4	mittelgroße Äpfel
1/2	Zitrone, Saft
1 Msp.	Zitronenschale, gerieben
2 EL	Rum
50 g	Brotbrösel, in etwa 2 EL Butter geröstet
20 g	Sultaninen
10 g	Pinoli
1 Msp.	Zimt
60 g	Zucker

Weiteres

	zerlassene Butter zum Bestreichen
	Staubzucker zum Bestreuen
	Vanillesauce (siehe Seite 52)

 etwa 160 Grad
 etwa 35 Minuten
 etwa 180 Grad
 etwa 35 Minuten

Ziehteig (siehe vordere Umschlag-Innenseite)

▸ Mehl und Wasser mit Öl, Salz und Weißweinessig in einer Schüssel vermischen, dann auf dem Arbeitstisch zu einem glatten Teig verkneten.
▸ Den Teig mit ein wenig Öl bestreichen und zugedeckt 20–30 Minuten bei Zimmertemperatur ruhen lassen.

Füllung

▸ Äpfel schälen, blättrig schneiden und mit Zitronensaft, Zitronenschale und Rum marinieren.

Fertigstellung

▸ Den Ziehteig auf einem mit Mehl bestreuten Tuch dünn austreiben und mit den Handrücken hauchdünn ausziehen.
▸ Ein Drittel des Teiges mit Brotbröseln bestreuen, mit Äpfeln belegen und die übrigen Zutaten wie Sultaninen, Pinoli, Zimt und Zucker daraufstreuen.
▸ Den restlichen Teig mit zerlassener Butter bestreichen, dann den Teig mit der Füllung zusammenrollen und auf ein mit Butter bestrichenes Backblech geben.
▸ Die Oberfläche ebenfalls mit zerlassener Butter bestreichen und hellbraun backen.
▸ Mit Staubzucker bestreuen und noch lauwarm mit Vanillesauce servieren.

TIPP

Der mit Butter bestrichene restliche Teig ohne Füllung wird außen um den Strudel gewickelt. Die Teigschichten ergeben dann knusprige Blätter an der Oberfläche des Strudels.

Marillenstrudel

Füllung

600 g	Marillen
50 g	Pinoli
40 g	Biskuitbrösel oder Brotbrösel
80 g	Zucker, je nach Süße der Marillen
1/2 TL	Zimt
1 Msp.	Zitronenschale, gerieben

Weiteres

200 g	Ziehteig (siehe Seite 54)
	zerlassene Butter zum Bestreichen
	Staubzucker zum Bestreuen
	Marillenkompott und Minze zum Garnieren

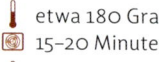 etwa 180 Grad
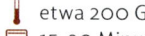 15–20 Minuten

etwa 200 Grad
15–20 Minuten

Füllung

► Marillen waschen, entkernen, vierteln und mit Pinoli, Biskuitbröseln, Zucker, Zimt und der geriebenen Zitronenschale vermengen.

Fertigstellung

► Den Ziehteig auf ein gut bemehltes Küchentuch legen, den Teig auf der Oberfläche gut bestauben und etwas ausrollen.

► Dann mit den Händen ausziehen, dabei mit den Handrücken unter den Teig fahren und diesen nach allen Seiten vorsichtig ausziehen, bis er ganz dünn ist.

► Die Füllung auf dem Teig verteilen, die dicken Teigränder wegschneiden, das Tuch an den beiden oberen Enden nehmen und den Strudel so eng wie möglich einrollen. Nicht vom Tuch wegnehmen, sondern mithilfe desselben auf ein mit Butter bestrichenes Backblech heben. Erst dort den Strudel vorsichtig vom Tuch auf das Blech rollen.

► Den Strudel mit zerlassener Butter bestreichen und im vorgeheizten Backofen hellbraun backen.

► Den Marillenstrudel mit Staubzucker bestreuen und lauwarm mit Marillenkompott und Minze servieren.

TIPPS

1. *Dieser Strudel kann auch mit Mürbteig oder Blätterteig zubereitet werden.*
2. *Anstelle der Marillen können Sie auch Pfirsiche verwenden.*
3. *Servieren Sie den Strudel mit Vanillesauce oder mit einem Weinschaum.*

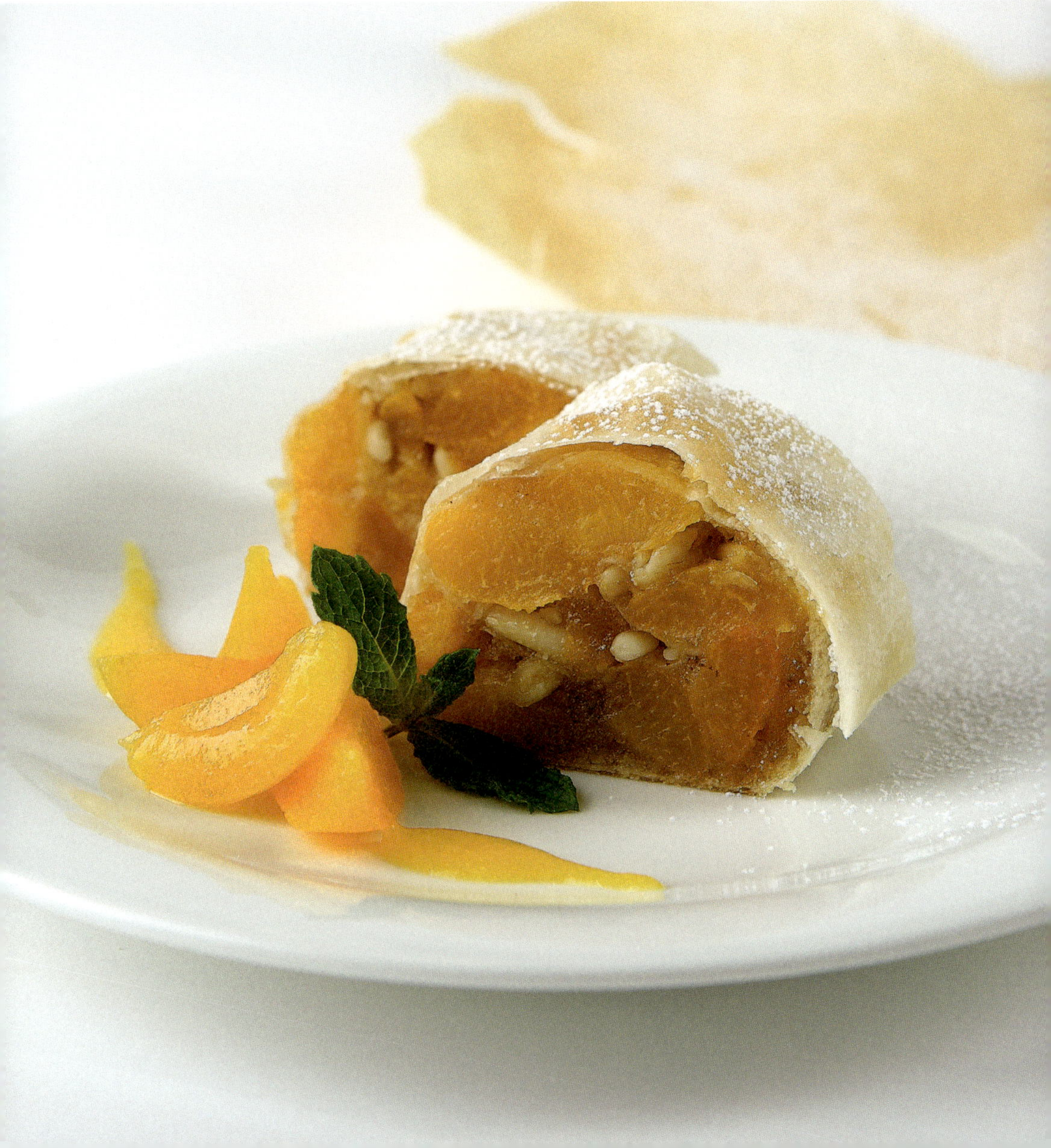

Erdbeer-Rhabarberstrudel

FÜR 1 STRUDEL, ETWA 8 STÜCK

Füllung

400 g	Rhabarberstiele
200 g	Erdbeeren
1 Msp.	Zitronenschale, gerieben
1 Msp.	Orangenschale, gerieben
1 TL	Ingwer, gerieben
90 g	Zucker
100 g	Topfen (Quark), sehr trocken
80 g	Mandeln, gerieben
3	Eiweiß
1 Prise	Salz

Weiteres

200 g	Ziehteig (siehe Seite 54)
	zerlassene Butter zum Bestreichen
	Staubzucker zum Bestreuen
150 g	Erdbeerragout
	Melisse zum Garnieren

 etwa 160 Grad
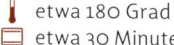 etwa 30 Minuten

etwa 180 Grad
etwa 30 Minuten

Füllung

▸ Rhabarber schälen und in 5 mm dicke Scheiben schneiden.

▸ Erdbeeren waschen und ebenfalls in 5 mm dicke Scheiben schneiden.

▸ Rhabarber und Erdbeeren in ein feuerfestes Geschirr geben, mit Zitronen-, Orangenschale, Ingwer und 40 g Zucker bestreuen und im Backofen mit einer Alufolie bedeckt bei 130 Grad etwa 30 Minuten ziehen lassen.

▸ Den Topfen glatt rühren, dann die geriebenen Mandeln beimengen.

▸ Eiweiß mit Salz anschlagen, mit den restlichen 50 g Zucker zu Schnee schlagen und unter die Topfenmasse heben.

Fertigstellung

▸ Den Ziehteig auf ein gut bemehltes Küchentuch legen, den Teig an der Oberfläche gut bestauben und etwas ausrollen.

▸ Dann mit den Händen ausziehen, dabei mit den Handrücken unter den Teig fahren und diesen nach allen Seiten vorsichtig ausziehen, bis der Teig ganz dünn ist.

▸ Die Topfen-Mandel-Masse auftragen und darauf das vorbereitete Rhabarber-Erdbeer-Gemisch ohne Saft verteilen.

▸ Die dicken Teigränder wegschneiden. Mithilfe des bemehlten Küchentuches wird der Teig mit der Füllung eingerollt. Nicht vom Tuch wegnehmen, sondern damit auf ein mit Butter bestrichenes Backblech heben. Erst dann vorsichtig vom Tuch auf das Blech rollen lassen.

▸ Den Strudel mit zerlassener Butter bestreichen und im vorgeheizten Backofen hellbraun backen.

▸ Den übrigen Rhabarbersaft etwas einkochen lassen und damit den Strudel bestreichen.

▸ Den Strudel mit Staubzucker bestreuen und mit Erdbeerragout und Melisse garnieren und servieren.

Traubenstrudel mit Zabaione

FÜR 1 STRUDEL, ETWA 8 STÜCK

Füllung

400 g	Trauben
80 g	weiche Butter
30 g	Zucker
3	Eigelb
1 Msp.	Zitronenschale, gerieben
1 Msp.	Orangenschale, gerieben
40 g	Haselnüsse, gerieben
40 g	Mandeln, gerieben
3	Eiweiß
1 Prise	Salz
50 g	Zucker

Zabaione

1	Ei
30 g	Zucker
25 ml	Weißwein
15 ml	Marsala

Weiteres

200 g	Ziehteig (siehe Seite 54)
	zerlassene Butter zum Bestreichen
	Staubzucker zum Bestreuen
	Minze zum Garnieren

etwa 160 Grad
etwa 30 Minuten
etwa 180 Grad
etwa 30 Minuten

Füllung

▸ Trauben waschen, halbieren und eventuell entkernen.
▸ Weiche Butter mit 30 g Zucker schaumig rühren, Eigelb, Zitronen- und Orangenschale beimengen und dann die geriebenen Nüsse und Mandeln untermischen.
▸ Eiweiß mit Salz anschlagen, mit 50 g Zucker zu Schnee schlagen und unter die Masse heben.

Zabaione

▸ Ei, Zucker, Weißwein und Marsala in einer Stahlschüssel verrühren und im heißen Wasserbad auf 82 Grad cremig aufschlagen.

Fertigstellung

▸ Den Ziehteig auf ein gut bemehltes Küchentuch legen, den Teig an der Oberfläche gut bestauben und etwas ausrollen.
▸ Dann mit den Händen ausziehen, dabei mit den Handrücken unter den Teig fahren und diesen nach allen Seiten vorsichtig ausziehen, bis der Teig ganz dünn ist.
▸ Die Füllung auftragen und darauf die vorbereiteten Trauben verteilen.
▸ Die dicken Teigränder wegschneiden. Mithilfe des bemehlten Küchentuches wird der Teig mit der Füllung eingerollt. Nicht vom Tuch wegnehmen, sondern mithilfe desselben auf ein mit Butter bestrichenes Backblech heben. Erst dann vorsichtig vom Tuch auf das Blech rollen lassen.
▸ Den Strudel mit zerlassener Butter bestreichen und im vorgeheizten Backofen hellbraun backen.
▸ Den Strudel lauwarm in Portionen schneiden und mit Zabaione, Staubzucker und Minze servieren.

Milchrahmstrudel

Füllung

50 ml	Milch
1 Pkg.	Vanillezucker
4	Toastbrotscheiben
70 g	weiche Butter
50 g	Zucker
1 TL	Zitronenschale, gerieben
2	Eigelb
250 g	Topfen (Quark)
120 ml	Sauerrahm oder Mascarpone
30 g	Mehl
2	Eiweiß
1 Prise	Salz
60 g	Zucker

Guss

200 ml	Milch
2	Eier
2 EL	Zucker

Weiteres

200 g	Ziehteig (siehe Seite 54)
50 g	zerlassene Butter zum Bestreichen
	Staubzucker zum Bestreuen

 etwa 140 Grad
etwa 40 Minuten
 etwa 160 Grad
etwa 40 Minuten

Füllung

- ▸ Milch mit Vanillezucker aufkochen.
- ▸ Entrindetes Toastbrot in kleine Würfel schneiden und mit der heißen Vanillemilch übergießen.
- ▸ Weiche Butter, Zucker, Zitronenschale schaumig rühren. Eigelb nach und nach dazugeben und weiterrühren.
- ▸ Den Topfen beigeben und glatt rühren, dann Sauerrahm und Mehl untermischen.
- ▸ Eiweiß mit Salz aufschlagen, den Zucker einrühren und zu Eischnee schlagen.
- ▸ Dann zusammen mit dem eingeweichten Brot unter die Topfenmasse heben.

Guss

- ▸ Milch, Eier und Zucker vermischen.

Fertigstellung

- ▸ Den Ziehteig auf einem bemehlten Tuch mit dem Nudelholz dünn austreiben und mit den Handrücken hauchdünn ausziehen (etwa 80 x 50 cm).
- ▸ Die Topfenmasse auf zwei Drittel des Teiges aufstreichen, das restliche Strudelblatt mit zerlassener Butter bestreichen, die dicken Teigränder abschneiden und den Strudel mithilfe des Tuches einrollen.
- ▸ Nun den Strudel wie eine Spirale in die ausgebutterte, feuerfeste Form heben.
- ▸ Den Strudel mit Butter bestreichen und mit drei Viertel des Gusses übergießen.
- ▸ Nach 20 Minuten Backzeit den restlichen Guss über den Strudel gießen und fertig backen.
- ▸ Den leicht abgekühlten Strudel mit Staubzucker bestreuen, portionieren und servieren.

TIPP

Servieren Sie ein Apfel-Kirschkompott oder eine Erdbeersauce dazu.

Vollkorn-Ricottastrudel

Vollkornziehteig

120 g	Dinkelvollkornmehl, sehr fein gemahlen
30 ml	lauwarmes Wasser
1	Ei
1 TL	Olivenöl
1 Prise	Salz
1 TL	Weißweinessig
	Öl zum Bestreichen

Füllung

50 g	weiche Butter
3	Eigelb
1 Msp.	Orangenschale, gerieben
2 EL	Rum
1 Pkg.	Vanillezucker
300 g	Ricotta
200 g	Trockenfrüchte wie Sultaninen, Marillen und Feigen, in kleine Würfel geschnitten
2 EL	Dinkelvollkornmehl
3	Eiweiß
1 Prise	Salz
50 g	Honig

Weiteres

2 EL	Butter zum Bestreichen und für die Form
1 EL	Honig zum Bestreichen
	Staubzucker zum Bestreuen

 etwa 160 Grad
🍲 etwa 35 Minuten
🌡 etwa 180 Grad
🍞 etwa 35 Minuten

Vollkornziehteig

▸ Dinkelmehl, Wasser, Ei mit Olivenöl, Salz und Weißweinessig in einer Schüssel vermischen, dann auf dem Arbeitstisch zu einem glatten Teig verkneten.

▸ Den Teig mit ein wenig Öl bestreichen und zugedeckt 20–30 Minuten bei Zimmertemperatur rasten lassen.

Füllung

▸ Weiche Butter mit dem Schneebesen schaumig rühren, nach und nach Eigelb, Orangenschale, Rum und Vanillezucker unterrühren.

▸ Ricotta, Trockenfrüchte und Dinkelmehl einarbeiten.

▸ Eiweiß mit Salz anschlagen, mit Honig zu Schnee schlagen und unter die Ricottamasse heben.

Fertigstellung

▸ Den Vollkornziehteig auf ein gut bemehltes Küchentuch legen, den Teig auf der Oberfläche gut bestauben und sehr dünn ausrollen. Dann mit den Händen ausziehen, bis er ganz dünn ist.

▸ Auf zwei Drittel des Teiges (in der Länge der Kastenform) die Ricottamasse mittels Spritzsack aufspritzen.

▸ Den Strudel einrollen, in die ausgebutterte Kastenform geben und mit Butter bestreichen.

▸ Den Strudel im vorgeheizten Backofen hellbraun backen, mit Honig bestreichen, mit Staubzucker bestreuen und servieren.

TIPP

Servieren Sie geschlagene Sahne oder Zimtsahne dazu.

Johannisbeer-Topfenstrudel

FÜR 1 STRUDEL, ETWA 8 STÜCK

Füllung

80 g	weiche Butter
2	Eigelb
50 g	Zucker
1 Msp.	Zitronenschale, gerieben
2 EL	Rum
1 Pkg.	Vanillezucker
300 g	Topfen (Quark)
1 EL	Speisestärke
3	Eiweiß
1 Prise	Salz
50 g	Zucker
400 g	rote Johannisbeeren

Weiteres

300 g	Blätterteig (siehe Seite 22)
1	Eigelb mit etwas Milch zum Bestreichen
	Staubzucker zum Bestreuen
100 g	Johannisbeeren
80 ml	Johannisbeersauce
	Minze zum Garnieren

🌡 etwa 160 Grad
◉ etwa 25 Minuten
🌡 etwa 180 Grad
▭ etwa 25 Minuten

Füllung

- ‣ Weiche Butter mit dem Schneebesen schaumig rühren, nach und nach Eigelb, Zucker, Zitronenschale, Rum und Vanillezucker unterrühren.
- ‣ Topfen und Speisestärke einarbeiten.
- ‣ Eiweiß mit Salz anschlagen, mit Zucker zu Schnee schlagen und unter die Topfenmasse heben.

Fertigstellung

- ‣ Den Blätterteig dünn, etwa 35 x 20 cm groß, ausrollen.
- ‣ Auf die Hälfte des Teiges die Topfenmasse mittels Spritzsack aufspritzen, die Johannisbeeren von den Rispen nehmen und darüberstreuen.
- ‣ Die Ränder mit dem Eigelb-Milch-Gemisch bestreichen.
- ‣ Den Strudel einschlagen, wieder mit dem Eigelbgemisch bestreichen und etwa 10 Minuten im Kühlschrank ruhen lassen. So entspannt sich der Teig und bricht beim Backen nicht auf.
- ‣ Den Strudel im vorgeheizten Backofen hellbraun backen.
- ‣ Den Strudel in Scheiben schneiden, mit Staubzucker bestreuen und mit Johannisbeeren, Johannisbeersauce und Minze servieren.

TIPPS

1. Bei sehr nassem Topfen empfiehlt es sich, ihn auf einem mit einer Stoffserviette ausgelegten Sieb abtropfen zu lassen, sonst wird die Strudelfüllung zu feucht.
2. Anstelle der Johannisbeeren können Sie auch Himbeeren, Brombeeren, Erdbeeren oder andere Früchte verwenden.

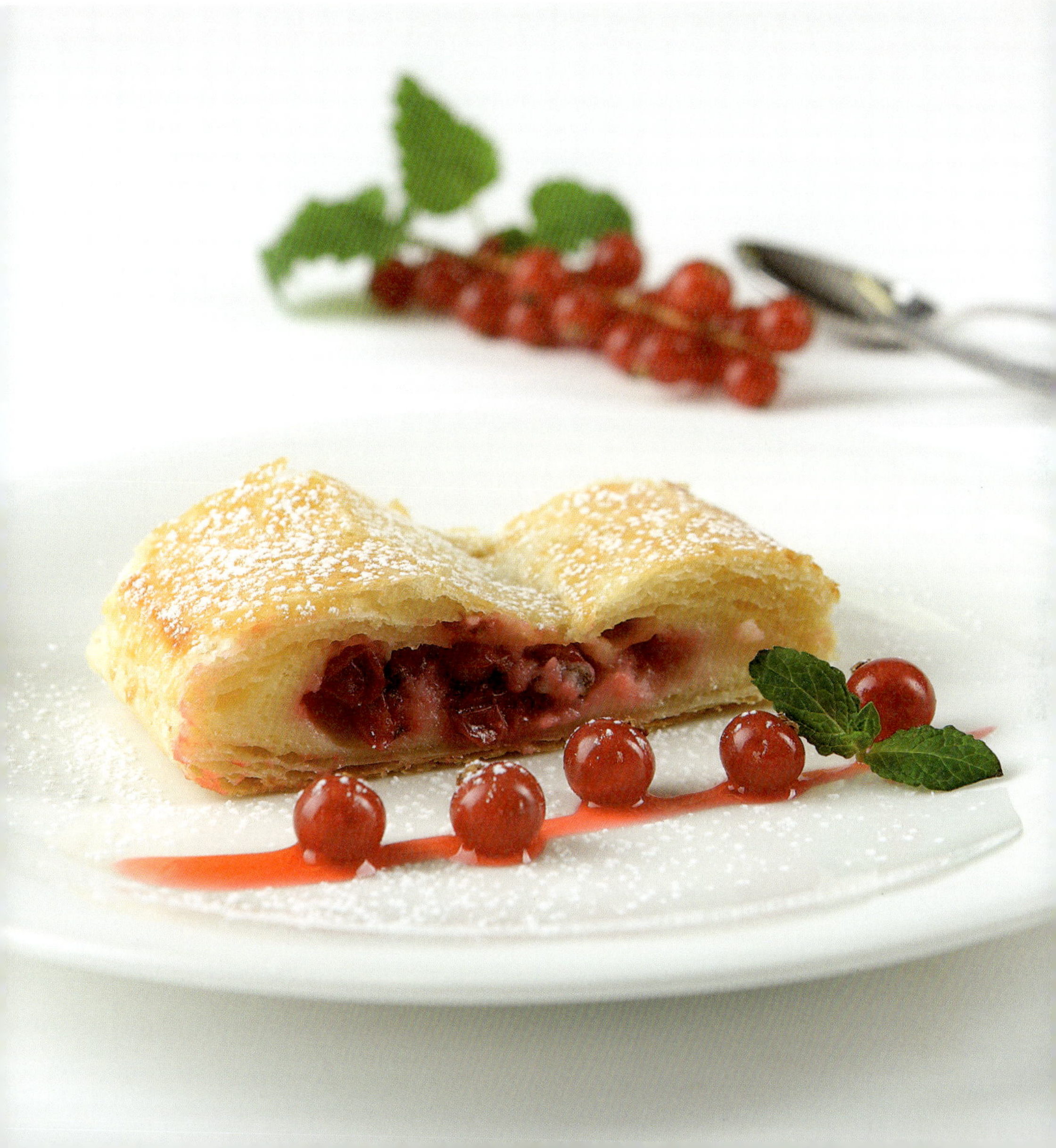

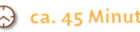

Südtiroler Apfelstrudel im Glas serviert

FÜR 4 PERSONEN

Apfelfüllung

300 g	Äpfel (Golden Delicious, Jonagold usw.)
50 g	Zucker
100 ml	Apfelsaft
1 EL	Butter
20 g	Sultaninen
20 g	Pinoli
20 g	Mandeln, fein gerieben
15 g	Walnüsse, grob gehackt
2 EL	Rum
1 Pkg.	Vanillezucker
½ TL	Zimt
1 Msp.	Zitronenschale, gerieben

Nougatmousse

2	Eigelb
40 g	Zucker
1 Blatt	Gelatine, eingeweicht
2 EL	Creme de cacao (Schokoladenlikör)
100 g	Nougatschokolade, geschmolzen
200 ml	geschlagene Sahne

Vanilleespuma

100 ml	Sahne
50 ml	Milch
½	Vanilleschote, aufgeschlitzt, oder 1 Pkg. Vanillezucker
2	Eigelb
30 g	Zucker

Weiteres

2	Sahnekapseln
8	Strudelblätter (siehe Seite 72)
	Staubzucker zum Bestreuen

Apfelfüllung

▸ Äpfel schälen, entkernen und in kleine Würfel schneiden.
▸ Zucker in einem flachen Kochtopf karamellisieren, mit Apfelsaft löschen, Äpfel und Butter dazugeben und etwa 7 Minuten glasieren.
▸ Äpfel kurz auskühlen lassen und mit Sultaninen, Pinoli, Mandeln, Walnüssen, Rum, Vanillezucker, Zimt und Zitronenschale vermischen.

Nougatmousse

▸ Eigelb mit Zucker schaumig schlagen. Die Gelatine im Likör schmelzen lassen.
▸ Die geschmolzene Nougatschokolade zusammen mit der zerlassenen Gelatine in die Eimasse rühren und sofort die geschlagene Sahne unterheben. In Gläser abfüllen und kalt stellen.

Vanilleespuma

▸ Sahne und Milch mit der Vanilleschote erhitzen.
▸ In einer Schüssel Eigelb und Zucker mit dem Schneebesen gut verrühren.
▸ Unter ständigem Rühren das kochend heiße Sahne-Milch-Gemisch dazugießen und bei mäßiger Hitze zur Rose (bis 82 Grad) abziehen; darf nicht kochen.
▸ Von der Kochstelle nehmen und durch ein feines Sieb passieren.
▸ Die Creme in eine Espumaflasche füllen. Mit zwei Sahnekapseln versetzen und bis zum Gebrauch etwa 2 Stunden kalt stellen.

Fertigstellung

▸ In die Gläser mit der Nougatmousse die Apfelfüllung geben und mit Vanilleespuma auffüllen. Den Strudelteig in größere Stücke brechen, in die Vanilleespuma stecken, mit Staubzucker bestreuen und servieren.

Strudelblätter mit Himbeeren auf Pfirsichpüree

FÜR 4 PERSONEN

Strudelblätter

300 g	Blätterteig (siehe Seite 22)
40 g	Staubzucker zum Bestreuen

Vanillecreme

150 ml	Milch
100 ml	Sahne
1	Vanilleschote
1 Msp.	Zitronenschale, gerieben
1 Prise	Salz
2	Eigelb
60 g	Zucker
30 g	Mehl oder Speisestärke

Weiteres

200 ml	Pfirsichpüree (150 g gekochte Pfirsiche mit 50 g Staubzucker püriert)
2 EL	Himbeermarksauce
200 g	Himbeeren
	Staubzucker zum Bestreuen
	Minze und Vanilleschote zum Garnieren

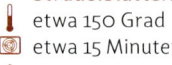

Strudelblätter:

🌡 etwa 150 Grad
▦ etwa 15 Minuten
🌡 etwa 170 Grad
▭ etwa 15 Minuten

Strudelblätter

▸ Den Blätterteig rechteckig 2 mm dick ausrollen. Auf ein mit Backpapier ausgelegtes Blech geben und mit Backpapier abdecken. Ein zweites Backblech obendrauf legen und backen.

▸ Das obere Backblech und das Papier entfernen. Der Teig soll goldgelb durchgebacken sein.

▸ Die gebackene Teigplatte in zwölf Böden schneiden, mit der Hälfte des Staubzuckers bestreuen Vund unter dem Grill des Ofens oder unter dem Salamander karamellisieren. Die Blätterteigböden wenden und den Vorgang wiederholen.

Vanillecreme

▸ 100 ml Milch und Sahne mit aufgeschlitzter Vanilleschote, geriebener Zitronenschale und Salz zum Kochen bringen.

▸ In einer Schüssel die restlichen 50 ml Milch mit Eigelb, Zucker und Mehl verrühren.

▸ Aus dem kochenden Milch-Sahne-Gemisch die Vanilleschote herausnehmen und ausstreifen.

▸ Das heiße Gemisch in die Eiermasse rühren, wieder in den Kochtopf zurückschütten und unter ständigem Rühren 2–3 Minuten kochen lassen.

Fertigstellung

▸ Pfirsichpüree mit Himbeermarksauce auf Tellern anrichten, Strudelblätter mit Vanillecreme und Himbeeren füllen, mit einem weiteren Strudelblatt abdecken, mit Staubzucker bestreuen, mit Minze und Vanilleschote garnieren und servieren.

TIPP

Anstelle der Himbeeren können Sie auch Erdbeeren, Schwarzbeeren oder Brombeeren verwenden.

Ananas mit Strudelblättern und Kokosespuma

FÜR 4 PERSONEN

Ananas

400 g	Ananas
60 g	Zucker
2 EL	Zitronensaft
1 EL	Grand Marnier (Orangenlikör)
1	Zitronengrasstiel, zerquetscht

Strudelblätter

200 g	Ziehteig (siehe Seite 54)
	zerlassene Butter zum Bestreichen
	Staubzucker zum Bestreuen

Kokosespuma

2 Blatt	Gelatine, in kaltem Wasser eingeweicht
200 ml	Kokosmilch
30 ml	Sahne
50 ml	Champagner oder Sekt
50 g	Staubzucker
2 EL	Batida de coco (Kokoslikör)
1 EL	Ingwer, gerieben
1 TL	Zitronensaft

Weiteres

2	Sahnekapseln
	Kokosflocken zum Garnieren

Strudelblätter:

 etwa 160 Grad

etwa 8 Minuten

etwa 180 Grad

 etwa 8 Minuten

Ananas

▸ Ananas schälen, halbieren, den Strunk entfernen und in 5 mm große Würfel schneiden.
▸ In einer flachen Pfanne Zucker leicht karamellisieren lassen, Zitronensaft und Grand Marnier dazugeben. Ananas in den Karamellsaft legen, das zerquetschte Zitronengras darauflegen und zugedeckt 10 Minuten ziehen lassen.

Strudelblätter

▸ Den Ziehteig auf einem mit Mehl bestreuten Tuch dünn austreiben und mit den Handrücken hauchdünn ausziehen.
▸ Den Teig etwa 10 Minuten antrocknen lassen, dann auf ein Backblech mit Backpapier legen.
▸ Den Teig mit zerlassener Butter bestreichen und mit Staubzucker bestreuen.
▸ Im Backofen hellbraun backen und zu beliebigen Blättern brechen.

Kokosespuma

▸ Die Gelatine in etwas heißer Kokosmilch auflösen und mit der restlichen Kokosmilch, Sahne, Champagner, Staubzucker, Batida de coco, Ingwer und Zitronensaft gut vermischen. Die Masse in eine Espumaflasche füllen.
▸ Die Flasche mit zwei Sahnekapseln versetzen und etwa 2 Stunden kalt stellen.

Fertigstellung

▸ Ananas und Espuma abwechselnd in die Dessertschüssel füllen, mit Strudelblättern und Kokosflocken garnieren und servieren.

Mohnstrudel

FÜR 1 STRUDEL

Füllung

100 g	Mohn, gemahlen
100 g	Biskuit- oder Brot-brösel
1 Msp.	Zitronenschale, gerieben
100 g	Zucker oder Honig
180 ml	kochend heiße Milch
3 EL	Rum
30 g	Rosinen, fein gehackt

Weiteres

800 g	Hefeteig (siehe Seite 76)
1	Ei zum Bestreichen

etwa 150 Grad
etwa 35 Minuten
etwa 170 Grad
etwa 35 Minuten

Füllung

▸ Für die Mohnfüllung Mohn mit Bröseln und geriebener Zitronenschale vermischen.
▸ Milch und Zucker oder Honig zugeben und verrühren.
▸ Zum Schluss Rum und Rosinen dazugeben.

Fertigstellung

▸ Den Hefeteig auf einem mit Mehl bestreuten Strudeltuch ausrollen, mit der Füllung bestreichen und locker einrollen.
▸ Den Strudel mit verquirltem Ei bestreichen, mit einem scharfen Messer schräg einschneiden, nochmals 15 Minuten aufgehen lassen und im vorgeheizten Backofen backen.
▸ Etwas auskühlen lassen und servieren.

TIPPS

1. *Zum Mohnstrudel passt sehr gut eine Vanillesauce (siehe Seite 52).*
2. *Servieren Sie zum Mohnstrudel geschlagene Sahne, Zimtsahne, Preiselbeermarmelade, Erdbeersalat oder Quittenkompott.*
3. *Sie können die Mohnfüllung mit geriebenen Haselnüssen oder Walnüssen verfeinern.*

Nusszopfstrudel

Hefeteig (etwa 800 g)

20 g	Hefe
1 EL	Zucker
250 ml	Milch
500 g	Mehl
50 g	zerlassene Butter
80 g	Zucker
2	Eigelb
1 Pkg.	Vanillezucker
1 Msp.	Zitronenschale, gerieben
1 EL	Rum
	Salz

Füllung

120 g	Walnusskerne oder Haselnüsse, gerieben
80 g	Brotbrösel oder Biskuitbrösel
1 Msp.	Zitronenschale, gerieben
200 ml	Läuterzucker (100 ml Wasser mit 100 g Zucker aufkochen)
30 g	Rosinen

Weiteres

1	Ei zum Bestreichen
100 g	Fondant zum Bestreichen

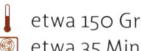 etwa 150 Grad
 etwa 35 Minuten

etwa 170 Grad
etwa 35 Minuten

Hefeteig

▸ Für das Dampfl die zerbröckelte Hefe und 1 Esslöffel Zucker mit der Milch vermischen (alle Zutaten müssen lauwarm sein) und 15 Minuten zugedeckt bei maximal 35 Grad aufgehen lassen.
▸ Mehl, Butter, Zucker, Eigelb, Vanillezucker, Zitronenschale, Rum und Salz zum Dampfl geben und vermischen.
▸ Den Teig mit der Rührmaschine gut durchkneten bzw. schlagen, bis sich derselbe von der Schüsselwand oder Arbeitsplatte löst.
▸ Den Teig mit Klarsichtfolie zugedeckt 15 Minuten aufgehen lassen.

Füllung

▸ Für die Nussfüllung geriebene Nüsse mit Brotbröseln und abgeriebener Zitronenschale vermischen.
▸ Den kochend heißen Läuterzucker und die Rosinen dazugeben und untermengen.

Fertigstellung

▸ Nun den Hefeteig ausrollen, mit der Füllung bestreichen und locker zu einem Strudel einrollen.
▸ Den Strudel mit verquirltem Ei bestreichen, mit einem scharfen, geölten Messer in drei gleiche Stränge schneiden und zu einem Dreierzopf flechten.
▸ Den Strudel nochmals 20 Minuten aufgehen lassen und im vorgeheizten Backofen backen.
▸ Den Strudel noch heiß mit dem erwärmten Fondant bestreichen und servieren.

TIPP

*Anstelle des Fondants können Sie auch **Läuterzucker** verwenden (50 g Zucker mit 50 ml Wasser etwa 5 Minuten kochen lassen).*